Georg von Below

Die neue historische Methode

Georg von Below

Die neue historische Methode

ISBN/EAN: 9783743606326

Hergestellt in Europa, USA, Kanada, Australien, Japan

Cover: Foto ©Thomas Meinert / pixelio.de

Weitere Bücher finden Sie auf **www.hansebooks.com**

Die neue historische Methode.

Von

Prof. Dr. G. v. Below.

Separatabdruck

aus der

Historischen Zeitschrift. Band 81.

München und Leipzig.
Druck und Verlag von R. Oldenbourg.
1898.

Inhalt: Einleitung (S. 193). Lamprecht's System: I. Der Begriff der Entwicklung (S. 196). II. Ranke's Ideen (S. 205). III. Freiheit und Nothwendigkeit (S. 209). IV. Die Frage der gesetzmäßigen Entwicklung im allgemeinen (S. 230). V. Lamprecht's Deutsche Geschichte (S. 251). VI. Der von Lamprecht durchgeführte Schematismus der Kulturzeitalter (S. 254); seine materialistische Anschauung (S. 265). VII. Resultate (S. 267).

„Wer wird einseitige Bewunderer des abgeschlossen Melodiösen eines Haydn oder Mozart von der Schönheit und darum Berechtigung der ewigen Melodie Wagner's überzeugen wollen?"

So· Lamprecht in einem Referat über den zweiten Band von K. Th. v. Inama-Sternegg's Deutscher Wirthschaftsgeschichte, das im Februar 1895[1]) erschien. Dies Referat und das wenig ältere Vorwort zur zweiten Auflage des ersten Bandes seiner Deutschen Geschichte haben eine große Reihe methodologischer und geschichtsphilosophischer Auslassungen Lamprecht's eröffnet. Durch sie hat er den Versuch gemacht, die Principien der Forschung neu zu fundamentiren und so den ganzen Betrieb der Historie in andere Bahnen zu lenken. Dieser Versuch ist auch nach seiner Meinung vollkommen geglückt. Die Gegner, die gegen ihn auftraten, konnten nichts Stichhaltiges vorbringen. Ihr „Wissen" und ihr „geistiger Horizont" waren zu beschränkt. Bei ihrer „Unlust oder Unfähigkeit, überhaupt auf methodologische Fragen einzugehen", vermochten sie nichts „gegen die Klarheit der methodologischen Position" Lamprecht's und die „Unanfechtbarkeit

---

[1]) Jahrbücher f. Nationalökonomie 64, 294 ff.

seines Standpunktes"[1]). Er hat bereits erklären können, daß er sich nunmehr zum letzten Mal über seine principiellen Ansichten geäußert habe. Er ist dann freilich noch mehrmals zum allerletzten Mal aufgetreten. Aber jedenfalls betrachtet er sich als vollkommenen Sieger. Seine Gegner liegen sämtlich erschlagen auf dem Schlachtfeld. Seine „Kritik" ist „einfach tötlich"[2]) gewesen.

Die Auffassung, die er von seinen Erfolgen hat, weicht allerdings von der der wissenschaftlichen Welt nicht unerheblich ab. Alle angesehenen Vertreter der deutschen Geschichtswissenschaft, die überhaupt ihm Beachtung geschenkt haben, haben gegen ihn Stellung genommen[3]). Mehrere haben ihn ironisch behandelt. Wenn er den Lorbeer errungen zu haben meint, so hat er zu viel Gewicht auf Stimmen gelegt, die man sonst über wissenschaftliche Fragen nicht entscheiden läßt. Die Geschichtswissenschaft hat nächst der Wissenschaft der neueren Literaturgeschichte und der Nationalökonomie die größte Zahl solcher Mitarbeiter, die auf der Grenze der wissenschaftlichen Thätigkeit und des reinen Dilettantismus stehen. Aus deren Kreise ist Lamprecht der lauteste Beifall zu Theil geworden[4]). Hierzu gesellen sich einzelne Vertreter der Geschichtswissenschaft aus dem Auslande, deren Autorität wir an sich durchaus nicht in Zweifel ziehen, die aber doch, wie es scheint, von der Bewegung der historischen Wissenschaft in Deutschland keine ausreichende Kenntnis haben. Sie meinen, daß Lamprecht in Deutschland einen Kampf um hohe Güter zu führen genöthigt sei. Endlich treten in Deutschland für ihn bestimmte Gruppen von Philosophen und Nationalökonomen, namentlich Soziologen ein. Es handelt sich hier um alte wissenschaftliche Gegensätze. Vertreter anderer

---

[1]) Lamprecht, Zwei Streitschriften (Berlin 1897), S. 3 f. 32. 58 Anm. Zukunft 18, 32.

[2]) Zukunft vom 5. März 1898, S. 449.

[3]) Mehrfach ist es so dargestellt worden, als ob die H. Z. die besondere Gegnerin Lamprecht's sei. Das trifft nicht zu. Auch die Deutsche Zeitschr. f. Geschichtswissenschaft hat sich, soweit es sich wenigstens um Äußerungen des Herausgebers, G. Seeliger's, handelt, deutlich gegen Lamprecht's System ausgesprochen. Vgl. z. B. Monatsblätter 2, 210; Histor. Vierteljahrsschrift H. 1, S. 152.

[4]) Vgl. Mathieu Schwan, Zukunft vom 18. April 1896, S. 125: „Die Franzosen und Engländer, ja selbst die Amerikaner sind nahe daran, uns den Vorsprung abzugewinnen. Wir blieben zu lange, viel zu lange, auf demselben Fleck und erst Lamprecht hat uns ein tüchtiges Stück vorwärts geführt."

Wissenschaften haben uns oft schon vorschreiben wollen, wie wir Geschichte treiben sollen. In Lamprecht glaubt man einen brauchbaren Vorkämpfer für die eigenen Tendenzen und Interessen zu besitzen. Es gibt auch, wenn ich so sagen darf, eine mittlere Schicht: man bekennt sich nicht gerade zu Lamprecht, aber man meint doch, daß manche seiner Behauptungen wohl richtig sein müßten. Er hat seine Sätze so oft drucken lassen. Eine Schar von Jüngern, Anfänger und Dilettanten, haben sie eifrig wiederholt. Die Druckerschwärze besitzt auch heute noch eine gewisse Autorität. Aliquid haeret. Überdies sterben ja die Verehrer der goldenen Mittelstraße, die in jedem Falle glauben, daß die Wahrheit z w i s c h e n zwei Ansichten liege, nie aus. Es kommt hinzu, daß eine hinreichende Kenntnis der neueren deutschen Historiographie auch in Deutschland verhältnismäßig wenig verbreitet ist. Wer etwas Unrichtiges über sie sagt, wird nicht leicht kontrollirt.

Nach unserer Meinung ist Lamprecht's System ganz und gar verschroben. Es sind in ihm freilich mehrere Seiten zu unterscheiden. Zunächst ist es der alte Kampf der naturwissenschaftlichen Auffassung gegen die Selbständigkeit der Geschichtswissenschaft, den er führt und dem gewisse Zeitrichtungen sehr zu statten kommen. Er führt ihn in überaus ungeschickter Form; sie wird im Erfolg nur zur Diskreditirung der von ihm vertretenen Sache beitragen; Trivialität und Oberflächlichkeit sind die Stützen des Baues, den er errichtet hat. Sodann sucht er uns über den Gang der neueren deutschen Historiographie zu belehren. Das von ihm gezeichnete Bild, das seiner Gestalt als Folie dienen soll, beruht auf vollkommener und grober Unkenntnis der thatsächlichen Verhältnisse.

Wenn auch jener Kampf der naturwissenschaftlichen Auffassung — der bei der Betrachtung des geschichtlichen Verlaufs, wie Wachsmuth[1]) sehr wahr sagt, „recht eigentlich das Beste, Feinste und Höchste der Kultur" entgeht — nie aufhören wird, so wird doch Lamprecht's spezielles System nicht von langer Dauer sein. Uhlirz[2]) hat gewiß Recht mit seinem Wort, daß uns bald „manches, was wir in den letzten Jahren lesen und erleben mußten, wie ein böser Traum erscheinen" wird. Allein der Baum, selbst wenn er morsch ist, fällt gemeinhin nicht von selbst, nicht ganz von selbst. Man muß die Axt gebrauchen. Deshalb habe

---

[1]) Über Ziele und Methoden der griechischen Geschichtschreibung, Leipziger Rektoratsrede vom 31. Oktober 1897, S. 3.
[2]) Deutsche Literaturztg. 1897, Sp. 1979.

ich mich, obwohl widerstrebend, entschlossen, die Auslassungen Lamprecht's im Zusammenhange einer kritischen Prüfung zu unterziehen. Mein Verfahren werde ich so einrichten, daß ich mich nach Möglichkeit auf die von anerkannten Autoritäten festgestellten Thatsachen berufe, ihre Äußerungen auch im Wortlaute anführe[1]). Es hat sich ja, Dank der fürchterlichen Beredsamkeit Lamprecht's und der Nachbeterei seiner Trabanten, Dank ferner der leider nun einmal in weiten Kreisen vorhandenen Unkenntnis der neueren deutschen Historiographie, über diese bereits eine kleine Legende ausgebildet. Da muß man denn den Gegenbeweis sehr bestimmt und sehr deutlich, auch etwas ausführlich erbringen. Eben deshalb werde ich manches zu sagen haben, was eigentlich allen Historikern bekannt sein sollte, was aber doch gesagt werden muß, da es offenbar nicht allen bekannt ist. Andererseits sehe ich gerade in dem, was meine Abhandlung in positiver Richtung enthält, die Befriedigung, die mir diese Kritik gewährt. Ich hoffe so zur Verbreitung wahrer Kenntnis der neueren deutschen Historiographie beitragen und eine Anschauung von den Aufgaben und Zwecken der Geschichtswissenschaft geben zu können.

I.

Jene kurze Besprechung in den Jahrbüchern für Nationalökonomie beginnt bereits mit einem höchst merkwürdigen Urtheil. Lamprecht bietet da allerlei Deklamationen[2]) gegen die „juristische" Auffassung und behauptet in diesem Zusammenhang, die Methode von Waitz sei „die staatsrechtliche", „systematische"; seine Mittel die des „juristischen Denkens". Überhaupt habe man es bisher nicht auf „die Darstellung eines permanenten Flusses", sondern auf die „juristische Methode" in der Verfassungs= und Wirtschaftsgeschichte abgesehen. Nun weiß jedes Kind, daß es sich bei Waitz gerade umgekehrt verhalten hat. Wie oft und wie heftig ist ihm der Vorwurf gemacht worden, daß ihm die juristische Methode mangle! Ich begnüge mich, Lamprecht ein ganz neues Urteil von Hintze[3]) gegenüberzustellen: „Leo, Dahlmann, Waitz, Treitschke haben den Schwerpunkt ihrer Thätigkeit in der historischen, nicht in der systematischen Darstellung des Staatslebens

---

[1]) Auch Lamprecht's Ansichten werde ich möglichst im Wortlaut vorführen, um sie in ihrer unmittelbaren Nacktheit wirken zu lassen.
[2]) Über ihre Ursache s. unten S. 272.
[3]) Jahrbuch f. Gesetzgebung 1897, S. 810.

gefunden." Doch dies Urtheil über Waitz ist nur eine Folge der allgemeinen Anschauung Lamprecht's. Wie er nämlich in jener Besprechung und im Vorwort zur zweiten Auflage seiner Deutschen Geschichte und an vielen Stellen anderswo auseinandersetzt, haben die bisherigen Historiker überhaupt ihre Aufgabe von Grund aus verkehrt aufgefaßt. Sie haben nur immer gefragt: wie ist es gewesen? Vor allem Ranke, dem als dem Mozart Lamprecht sich als den R. Wagner der Geschichtswissenschaft gegenüberstellt, hat nur gefragt, wie es in der Vergangenheit gewesen sei. Dem gegenüber betont Lamprecht, man müsse fragen, wie es geworden sei. Der Historiker habe „genetisch" zu verfahren. „Das Zeitalter einer äußerlich beschreibenden Forschung muß durch das Zeitalter einer neuen Methode, die vom genetischen Standpunkte aus eindringt, abgelöst werden." „Ein nothwendiger, grundsätzlicher Wechsel der geschichtswissenschaftlichen Methode fällt mit großen und berechtigten Neigungen der Nation zusammen." „Grundlegende Vorgänge in der Entwicklung des 19. Jahrhunderts treiben eben jetzt vorwärts aus dem deskriptiven in ein entwickelndes Zeitalter." Die neue, wie man sieht, einem Weltereignis gleichkommende Entdeckung Lamprecht's ist auch schon — gerade im Säkularjahr Ranke's — Gegenstand einer besonderen Feier gewesen: auf dem Historikertage in Frankfurt wurde ihre hohe Bedeutung in helles Licht gestellt.

Es ist nun zunächst ein ganz grobes Mißverständnis, wenn Lamprecht eine Äußerung Ranke's so deutet, als ob er nicht habe darstellen wollen, wie die Dinge geworden seien[1]. Vor allem aber: Lamprecht nimmt eine neue Methode für sich als Entdeckung in Anspruch, die thatsächlich seit einem Jahrhundert allgemein geübt worden ist. Man kann nur die Gegenfrage stellen: wer ist denn seit Herder's Zeiten nicht Evolutionist? Wer ist denn nicht von dem allgemeinen Grundsatz, daß Geschichte „Werden" ist, durchdrungen? Lamprecht lebt offenbar in der naiven Vorstellung, daß die Idee der Entwicklung erst neuerdings in den Naturwissenschaften aufgekommen sei, daß es nur eine Entwicklungstheorie, die technisch so bezeichnete Lehre Darwins, gebe. Er weiß gar nicht, daß der Entwicklungsgedanke sehr alt ist[2] und daß er seit Herder in der Geschichts-

---

[1] Vgl. Max Lenz, H. Z. 77, 387 Anm. 1.
[2] Vgl. L. Mariupolsky, Zur Geschichte des Entwicklungsbegriffs. Berner Dissertation von 1897. S. auch F. Eulenburg, Deutsche Literaturzeitung 1894, Sp. 1554; H. Wäntig, Auguste Comte S. 30. 247. — Es kann

forschung Leben, überaus kräftiges Leben gefunden hat. Um die völlige Verkehrtheit der Tiraden Lamprecht's recht anschaulich zu machen, stellen wir ihnen ein Wort Harnack's[1]) gegenüber. Er nennt als diejenigen, welche „mit steigender Klarheit" den Begriff der „Entwicklung" zur Geltung gebracht haben, Herder und die Romantiker, Hegel und Ranke. Und Hasbach[2]) sagt von der nothwendigen Reaktion gegen den Rationalismus vor hundert Jahren: „Instinkt, Gefühl, Phantasie mußten die ihnen zukommende Stellung gewinnen; das historisch Gewordene in Sprache, Sitte, Gewohnheit, Recht, Gesellschaft und Staat die Autorität erlangen, welche ihnen gebührte; der Begriff der **Entwicklung** mußte in seiner Reinheit erkannt, das Recht des Besondern und des Nationalen im Gegensatz zum Staatlich=Allgemeinen und zum Kosmopolitismus vertheidigt werden." Endlich Scherer[3]): „Man drang nicht vorschnell auf das Wesen der Dinge los, sondern suchte ihr **Werden** zu erforschen. Die Geschichte trat an die Stelle der konstruirenden Vernunft[4]).... Savigny verfolgte das römische Recht in seiner geschichtlichen **Entwicklung**; er wies Vererbung, Fortbildung und Entstellung nach.... Selbst die Hegel'sche Philosophie verdankt ihre Erfolge zum Theil dem Um-

---

gar kein Zweifel sein (wie dies auch kürzlich O. Lorenz, Lehrbuch der Genealogie S. 26. 29 mit Recht hervorgehoben hat), daß die Anwendung des Entwicklungsbegriffs in der Geschichtswissenschaft älter ist als die in der Naturwissenschaft. Man darf sogar behaupten, daß Darwin in seiner Entwicklungslehre von Vertretern der Geisteswissenschaften abhängig ist. Vgl. Knapp, Jahrbücher f. Nat. Bd. 18 (Darwin und die Sozialwissenschaften), S. 236. 244; Bernheim, Lehrb. d. hist. Methode (zweite Aufl.) S. 6. 113. Aber eben deshalb, weil die Historiker den Entwicklungsbegriff früher als die Naturforscher gehabt haben, brauchen sie ihn sich nicht erst heute von diesen zu holen und brauchen ihn auch nicht, wenn sie ihn haben wollen, in der krassen und einseitigen Ausbildung zu übernehmen, die er in der modernen Descendenztheorie, zumal in deren extremer Formulirung, gefunden hat.

[1]) Das Christenthum und die Geschichte (vierte Auflage) S. 5.
[2]) Die allgemeinen philosophischen Grundlagen der von F. Quesnay und Ad. Smith begründeten politischen Ökonomie (Leipzig 1890) S. 175.
[3]) Gesch. d. deutschen Literatur S. 629. Ich citire absichtlich vorzugsweise allgemein bekannte Bücher, um darzuthun, daß Lamprecht sehr gut das, was ich sage, auch hätte wissen können und müssen.
[4]) Das letztere würde etwa die Methode sein, die Lamprecht Waitz vorwirft.

stande, daß sie den Drang nach Erkenntnis des Werdens auf dem kürzesten Wege zu befriedigen schien."

In der That, der „Drang nach Erkenntnis des Werdens" war damals sehr lebhaft und ganz allgemein. Von verschiedenen Ausgangspunkten und auf allen Gebieten der Geisteswissenschaften suchte man die Entwicklung der Dinge zu erforschen. Verweilen wir im Interesse der Jünger Lamprecht's etwas dabei.

Der Hauptsache nach gehen alle jene Anregungen auf Herder zurück. Nach ihm ist es in erster Linie die romantische Schule[1]) mit der großen Zahl der von ihr abhängigen oder ihr verwandten Richtungen, welche den Gedanken der Entwicklung vertritt. Dem 18. Jahrhundert, dem Rationalismus, „ist alles geschichtlich gewordene ein Unwesentliches, Zufälliges, ja sogar ein Störendes. Wertvoll ist allein, was jenes Zeitalter das „Natürliche" und die „Vernunft" nannte. Sie galten als ein für allemal gegebene, unveränderliche Größen"[2]). Ihren schärfsten Ausdruck fand dieser Mangel an Verständnis für die geschichtliche Entwicklung in den Theorien von der natürlichen Religion und dem Natur-, dem Vernunftrecht, dem Staatsvertrag. Aber in allen Beziehungen trat er hervor. „Die ältere pragmatische Geschichte geistiger Bewegungen erscheint" — sagt

---

[1]) Daß Lamprecht von dem Einfluß der Romantik nichts weiß, ist theilweise wohl dadurch verschuldet worden, daß diese Verhältnisse in der ersten Auflage von Bernheim's Lehrbuch der historischen Methode (S. 144) nicht richtig dargestellt waren. In der zweiten Auflage (S. 170) hat Bernheim meinen in den Gött. Gel. Anzeigen 1892, S. 280 ff. gemachten Ausstellungen Rechnung getragen. Freilich will ich hiermit nicht behaupten, daß Lamprecht auch nur die erste Auflage von Bernheim zusammenhängend gelesen hat (s. unten). — Über die Anregungen, die die Romantiker für die wissenschaftliche Forschung gaben, vgl. Dilthey, Leben Schleiermacher's 1, 206. 264 f. Auch Schlosser, der von den großen Historikern des 19. Jahrhunderts am meisten noch als ein Sohn des 18. gelten kann (Erdmannsdörffer, F. Ch. Schlosser S. 18), steht doch schon theilweise unter dem Einfluß der Romantik. Er gesteht: „Daß ich den früheren Arbeiten der Brüder Schlegel sehr viel, mehr als allen meinen andern Lehrern verdanke, halte ich für Pflicht öffentlich einzugestehen". Hierzu bemerkt Dilthey, Preuß. Jahrbücher 9, 387: „Neben die Nachrichten über den Einfluß der Schlegel auf Böckh und Savigny, auf Grimm und Raumer stelle man diese Äußerung Schlosser's, um die Breite, in welcher diese beiden Männer in die deutsche Wissenschaft eingriffen, recht zu erkennen." Vgl. ebenda S. 386. 396.

[2]) Harnack S. 4.

Dilthey[1]) — „uns darum heute so fremd, so äußerlich und mechanisch, weil sie jeden Gedanken wie ein festes Ding hinnimmt, aus der Übertragung durch einen überspringenden Influx erklärt und so einem chaotischen Aufspüren von Kausalitäten verfällt, ohne von dem genetischen Aufbau und der Struktur unsrer Gedankenwelt etwas zu begreifen." Unsere moderne, genetische Auffassung gelangte nun durch die romantische Bewegung zur Herrschaft.

Die Theorie vom Naturrecht wurde durch die der Romantik sehr nahe stehende historische Rechtsschule überwunden.

Merkel hat in seiner Abhandlung „Über den Begriff der Entwicklung in seiner Anwendung auf Recht und Gesellschaft" (Ztschr. f. Privat- und öffentl. Recht 3, 625 ff.; 4, 1 ff.) eine Parallele zwischen Savigny und Darwin gezogen. Er findet, daß Savigny die Lebensformen, welche den Gegenstand seiner Theorie bilden, in einem ähnlichen Sinne als Entwicklungsprodukte betrachtet, wie die neueren Naturforscher diejenigen, welche den Gegenstand ihrer Theorien bilden. Die charakteristischen Hauptmomente der Savigny'schen Entwicklungstheorie sind nach ihm „wesentliche Bestandtheile des allgemeinen Entwicklungsbegriffs, die sich als solche überall erkennen lassen, wo dieser Begriff eine wissenschaftliche Anwendung erfährt. Überall enthält derselbe das Element der Veränderlichkeit und der wirklichen Umwandlung — Element der Metamorphose —, überall ferner das Element der Kontinuität und, insofern er auf die Zustände einander folgender Generationen angewendet wird, das Moment der Vererbung. Überall schließt er demgemäß innerhalb seiner Herrschaftssphäre einerseits den Begriff der Stabilität, andererseits den des absoluten Anfangs, bzw. der Entstehung auf Grund souveräner Schöpfungsakte oder aus einem völlig Heterogenen aus." Merkel setzt weiter auseinander, worin die Verschiedenheit der beiden Systeme beruht. Sie liegt im Wesentlichen darin, daß bei Darwin das

---

[1]) Leben Schleiermacher's 1, 229. Ähnlich drückt Dilthey in seiner Abhandlung über Schlosser (Preuß. Jahrb. 9, 396) den Gegensatz des Alten und des Neuen aus: „An die Stelle einer geistlosen Reproduktion der Schriften oder im besten Falle einer logischen Anordnung der Gedanken, wie sie die ältere historische Schule gab, soll Charakteristik, Reproduktion der inneren Form, in welcher die Gedanken im Geiste verknüpft sind, treten, wie das die Schlegel gelehrt hatten." Ich erwähne diese Sätze Dilthey's, weil sie recht anschaulich zeigen, daß der Gegensatz, den Lamprecht für die Gegenwart konstruirt, vielmehr um die Wende des 18. Jahrhunderts vorhanden war.

Element der Metamorphose, bei Savigny das der Kontinuität und bzw. Vererbung prävalirt. Diese Abweichungen werden hauptsächlich dadurch hervorgebracht, daß es verschiedene Gegensätze sind, denen die eine und die andere Theorie gegenübertreten. Merkel vergleicht dann noch mit der historischen Rechtsschule die neuere historische Schule der Nationalökonomen. „Die letztere kann als jüngere Schwester[1]) der ersteren betrachtet werden. . . . Auch sie betrachtet die Geschichte als den Weg zum Verständnis der Gegenwart, und wie sie den Zusammenhang der Zeitalter beachtet, so die Abhängigkeit des Einzelnen vom Ganzen." Sie unterscheidet sich andrerseits von der historischen Rechtsschule dadurch, daß in ihren Anschauungen die Metamorphose eine größere Rolle spielt.

Ebenso wie mit der Jurisprudenz verhielt es sich mit der Sprachwissenschaft. Süßmilch hatte im 18. Jahrhundert noch die Meinung vorgetragen, daß die Sprache ein von Gott den Menschen fertig gegebenes Geschenk sei. Man sah sie als ein starres, ein für allemal fertiges Instrument, das die Grammatik beschreibt[2]), an. Allein „die geschichtliche Betrachtungsweise, die um die Wende des 18. Jahrhunderts unter dem Einfluß des großen und allgemeinen Rückschlages gegen den starren Rationalismus sich erhob und der auf dem Gebiet der Sprachforschung durch Männer wie W. v. Humboldt, Bopp, die beiden Grimm, die Bahn gebrochen worden ist"[3]), hat gelehrt, daß eine allmähliche Entwicklung und Umbildung der Sprachformen stattgefunden hat.

Eine höchst umfassende Anwendung fand der Begriff der Entwicklung sodann in der Theologie und Kirchengeschichte. Wie unendlich oft ist hier z. B. gegenüber den Vertretern des kurialistischen Standpunktes einerseits und den Rationalisten andrerseits hervorgehoben worden, daß die kirchliche Verfassung, die theologischen Lehrmeinungen etwas historisch gewordenes seien! Wie unendlich oft hat man auf dem Gebiet der alttestamentlichen und der neutestamentlichen Theologie das Prinzip der Entwicklung vertheidigt! Man nehme etwa F. Ch. Baur's „Epochen der kirchlichen Geschicht-

---

[1]) Vgl. auch L. Stein, Die soziale Frage im Lichte der Philosophie (Stuttgart 1897), S. 419 (Anm.). 430.
[2]) Vgl. Lamprecht's „deskriptives" Verfahren.
[3]) Paulsen, Einleitung in die Philosophie (vierte Aufl.) S. 201. Ich verweise auf dieses Buch, weil es Lamprecht, nach seinen Citaten zu schließen, bekannt sein müßte

schreibung" (1852) zur Hand: durchweg ist hier als Maßstab der Beurtheilung in erster Linie die Frage aufgestellt, wie sich dieser oder jener Historiker zu dem Begriff der Entwicklung verhält. Baur wendet sich gegen die kurialistische Auffassung von der Stabilität der katholischen Kirchenverfassung und des katholischen Lehrbegriffs, konstatirt, daß sich auch bei den altprotestantischen Theologen Anklänge an die Anschauung von einer Stabilität der kirchlichen Verhältnisse finden, polemisirt aber auch zugleich gegen den Rationalisten Henke (S. 195 f.), der sich „so wenig in andere Zeiten und Individualitäten hineinzufinden" wußte, dem es so sehr „an dem Sinn und Interesse für die Entwicklungsgeschichte des Dogmas fehlte"[1]). Mit den Theologen haben die politischen Historiker des 19. Jahrhunderts gewetteifert, gegen die Ansicht von der Stabilität der Verfassungen den Entwicklungsgedanken zur Geltung zu bringen.

Gerade die kirchliche Geschichtschreibung, vor allem die Baur's, jedoch nicht sie allein, zeigt uns besonders den Einfluß der Philosophie der Zeit, auf den wir schon kurz hinwiesen. Einige Sätze aus Harnack's Rede auf Neander[2]), die dies Verhältnis prägnant hervorheben, mögen unsern Überblick schließen: „Hegel und seine Schüler haben gelehrt, die Geschichte als die Entwicklung des Geistes zu verstehen, jede einzelne Phase in ihr als nothwendig zu begreifen und hinter dem Individuellen das Allgemeine zu ermitteln.... Die Aufgabe der **genetischen** Entwicklung, die Neander sich geschichtlichen Problemen gegenüber stets gestellt hat, und die Freigebigkeit, mit welcher er noch in seinen spätesten Schriften den Begriff **des geschichtlichen Gesetzes** ausgespielt hat, beweisen, daß er sich dem Einfluß Hegels nicht hat entziehen können"[3]).

---

[1]) Lamprecht sollte die historischen Schriften von F. C. Baur einmal studiren; er würde dann erkennen, daß Probleme, die ihm ganz neu zu sein scheinen, längst eifrig erörtert worden sind.

[2]) Preuß. Jahrb. 63, 191.

[3]) Über die Herrschaft des Entwicklungsgedankens seit Anfang unseres Jahrhunderts s. auch M. Reischle, Christenthum und Entwicklungsgedanke (1898) S. 7 f.; Dilthey, Schleiermacher S. 227. L. Stein, a. a. O. S. 41 Anm. 1 bezeichnet als Vertreter der „evolutionistischen" Richtung der Geschichtswissenschaft Bernheim und Lamprecht. Hierzu ist erstens zu bemerken, daß Bernheim's Standpunkt von dem Lamprecht'schen himmelweit verschieden ist, zweitens, daß Bernheim die genetische Geschichtschreibung nicht erst seit der jüngsten Zeit, gar erst seit Lamprecht datirt, sondern selbstverständlich

So verhält es sich also mit Lamprecht's Behauptung, daß die deutsche Geschichtschreibung bis zu seiner Zeit von Entwicklung nichts gewußt hat, nur „deskriptiv" verfahren ist¹).

Gegenüber dieser haarsträubenden Behauptung hat es ein anderer Historiker der Leipziger Fakultät denn doch für seine Pflicht gehalten, Lamprecht sehr höflich, aber bestimmt daran zu erinnern, daß ja seit Herder die deutsche Geschichtschreibung gerade „entwickelnd" thätig gewesen sei²). Das war für Lamprecht peinlich; aber er merkte sich's und schrieb — wie das nun seine Art ist — eine Abhandlung über Herder³). Der Kern seiner Ausführungen war, daß Herder's Auffassung von der technisch sogenannten Entwicklungstheorie Darwin's und von der Lamprecht's verschieden sei. Nun, das wußte man freilich auch vorher; das Gegentheil hat niemand behauptet. Natürlich vermied Lamprecht sorgfältig, zu konstatiren, daß sein Debut verunglückt, daß die deutsche Geschichtschreibung des ganzen 19. Jahrhunderts von bloß „deskriptiver" Geschichtschreibung weit entfernt gewesen sei⁴). Er mußte vielmehr auch ferner seine Anhänger in

---

seit der Wende des letzten Jahrhunderts. Er sagt (S. 22): „Unsere hervorragendsten Historiker bekennen sich gleichmäßig zu der genetischen Auffassung". Als solche nennt er Ranke, Sybel, Droysen, Waitz u. s. w.

¹) Lamprecht hätte sich nur etwas in der Literatur umzusehen brauchen, um sich von dem zu überzeugen, was die deutschen Historiker als Aufgabe des Geschichtschreibers ansehen. Vgl. z. B. Ed. Meyer, Gesch. d. Alterthums 1, 18 f.: „.... den Zusammenhang der Entwicklung darzulegen..."

²) Buchholz, Zur Lage der Geschichtswissenschaft, Akad. Rundschau Bd. 1 (Leipzig 1896), S. 238 ff. Er sagt: „Wir verwahren uns gegen die Behauptung, daß die neue Richtung uns auch eine neue und höhere Methode beschert habe, und daß von dieser Entdeckung ein neues Zeitalter der geschichtlichen Wissenschaft zu erwarten sei." Übrigens hätte Lamprecht sich von seinem Irrthum schon aus einem älteren Aufsatz von Buchholz (Quidde's Zeitschrift 2, 17 ff.) unterrichten können.

³) Herder und Kant als Theoretiker der Geschichtswissenschaft, Jahrbücher f. Nationalökonomie 69, 161 ff.

⁴) Köstlich ist die Art, wie Barge, Entwicklung der geschichtswissenschaftlichen Anschauungen in Deutschland S. 33 darüber referirt. Statt einfach zu sagen, daß es Lamprecht's Pflicht gewesen wäre, die Geschichte der Historiographie zu studiren, bevor er mit dem Anspruch auftrat, ein neues Zeitalter der Historiographie zu eröffnen, betont er, daß „durch Herder Lamprecht kaum beeinflußt, vielmehr erst später Herder's Anschauung als eine der eignen verwandte von ihm wieder aufgedeckt worden ist". Wir empfehlen dies Verfahren allen Höflingen zur Nachahmung.

der Meinung zu erhalten, als ob wirklich die Historiker bis zur jüngsten, bis zu seiner Zeit von „genetischer" Geschichtschreibung nichts gewußt hätten[1]). Auch schon bevor er auf den Entwicklungsbegriff Herder's hingewiesen wurde, scheinen ihm einige Bedenken — inwieweit sie von außen her geweckt worden sind, mag dahingestellt bleiben — an der Richtigkeit seiner ersten Behauptungen gekommen zu sein. Er hatte schlechthin behauptet, daß die Historiker bis zu seiner Zeit[2]) nur „deskriptiv" verfahren seien. Das war doch ein zu abenteuerlicher Vorwurf. Wir sehen jedenfalls, daß er sehr bald, ohne seine allgemeine Behauptung zurückzunehmen, sich mehr und mehr bemüht, im einzelnen Unterschiede zwischen der bisherigen und seiner Geschichtschreibung zu konstruiren. Bei diesem Verfahren[3]) unterstützte ihn ebensosehr seine Unkenntnis der Geschichte der Historiographie wie der Umstand, daß er im Anfang über das Wesen der genetischen Geschichtschreibung, die er begründen wollte, nichts gesagt hatte[4]).

---

[1]) Noch in seinen „Zwei Streitschriften" (S. 39), deren Inhalt er noch heute (Zukunft vom 5. März 1898) vollkommen aufrecht hält, setzt er seiner Auffassung die „deskriptive" entgegen.

[2]) In der Rezension über den 2. Band von Inama-Sternegg hatte Lamprecht bemerkt, daß auch schon in diesem Buche (es ist 1891 erschienen) einige Kapitel die genetische Methode zeigten. Sie müßte danach so ganz jung nicht mehr sein. Im Jahre 1897 (Zwei Streitschriften S. 39) scheint er die neue Zeit „seit einem Jahrfünft" zu datiren. Das würde auf ein Ereignis des Jahres 1892 weisen. Ich wüßte hier nur das Erscheinen des 2. Bandes von Lamprecht's Deutscher Geschichte zu nennen. In jener Recension hatte er ferner nicht gesagt, wer der Richard Wagner der Zukunftshistorie sei. Inzwischen hat er es mit Trompetenstößen urbi et orbi verkündigt.

[3]) Lamprecht nennt es seine „historisch-methodologischen Studien" (Jahrbücher f. St. 69, 161 Anm. 1).

[4]) Ein Mißgeschick ist G. Winter zugestoßen, der in der Zeitschr. f. Kulturgesch. (herausg. von Steinhausen) 1, 196 ff. („Die Begründung einer sozialstatistischen Methode in der deutschen Geschichtschreibung durch C. Lamprecht") Lamprecht's neue Entdeckung pries, ehe dieser sein spezielles Programm veröffentlicht hatte. Von den spezifisch neuen Gedanken des Entdeckers erfahren wir hier nun natürlich nichts. Da Winter etwas genaueres über die neue Entdeckung offenbar nicht sagen kann, so konstruirt er einen höchst merkwürdigen Gegensatz der Lamprecht'schen Methode zu der bisherigen. Z. B. erzählt er, daß die Geschichtschreibung, so lange sie vorwiegend die großen politischen, diplomatischen und kriegerischen Begebenheiten erforschte,

Wir haben das eigentümliche Schauspiel vor uns, daß zuerst die Phrase da ist und daß ihr erst im Laufe der Zeit etwas Inhalt gegeben wird.

II.

Etwas, was Lamprecht in seiner Theorie von dem nur „deskriptiven" Charakter der bisherigen Geschichtschreibung sehr bald beunruhigen mußte, war die Thatsache, daß Ranke, ihr Haupt, den geschichtlichen Verlauf nicht einfach beschrieb, sondern die Ideen in der Geschichte zu erforschen suchte. Mit doppeltem Eifer hat er sich dann bemüht, Ranke's Ideen als etwas so vorweltliches hinzustellen, daß auch in dieser Beziehung an der Originalität seiner Theorie kein Zweifel bestehen könne. Er hat sich mit diesem Thema in einer besonderen Abhandlung: „Ranke's Ideenlehre und die Jungrankianer"[1]), aber auch sonst noch sehr oft beschäftigt.

Nach ihm huldigt Ranke einem „historischen Mystizismus". Seine historischen Anschauungen ruhen „vor allem auf einem Standpunkt persönlichen Glaubens und erst in zweiter Linie auf einem solchen wissenschaftlicher Forschung." „Das Irrationale ist ihm das geschichtliche Agens." „Die mystische Auffassung geht ohne weiteres, und zwar als allgemeinstes bestimmendes Ergebnis, in die Konsequenzen der Methode mit ein." „Die Ranke'sche Ideenlehre" — sagt Lamprecht in einer anderen Abhandlung[2]) — „beruht darauf, daß mystisch-transcendentale geistige Kräfte, die Ideen, vornehmlich und grundsätzlich in große Individuen einfließend und von ihnen im Sinne zu verwirklichender Zwecke erfaßt gedacht werden." Die „Transcendenz" der Ideen Ranke's ist ein Lieblingswort von ihm[3]). Sie erinnern „an die panpsychischen Naturlehren des 16. Jahrhunderts", an die „astralen und terrestrischen Kräfte, die magischen

---

die historischen Schriftsteller als Quellen „bevorzugte", nicht die Urkunden! Die Frage, welchen Zwecken die Regestenwerke bisher gedient haben, hat sich Winter gewiß nie vorgelegt.

[1]) In der Schrift: „Alte und neue Richtungen in der Geschichtswissenschaft" (Berlin 1896). Selbstverständlich ist der geschmacklose Ausdruck „Jung-Rankianer" von Lamprecht erfunden worden. Pirenne's Behauptung (Revue hist. 64, 54), daß Anhänger Ranke's sich so genannt haben, ist unrichtig. Man sollte dies Wort überhaupt nicht gebrauchen.

[2]) H. Z. 77, 257.

[3]) Zukunft, 14. Nov. 1896, S. 303.

und aſtrologiſchen Vorſtellungen". „Die myſtiſchen Zugredienzien ... der lutheriſchen Reformationszeit und der Zeit der idealiſtiſchen Philo=ſophie treten in Ranke's Ideen zu Tage" (alte und neue Richtungen S. 43). „Ranke iſt in jeder Faſer ſeines Denkens, in jedem Zeit=raum ſeines langen Lebens den kosmopolitiſchen Tendenzen ſeiner Jugendzeit treu geblieben, ſo treu, wie dem myſtiſchen Idealismus einer auf der Grundlage der lutheriſchen Reformation ſich erhebenden Identitätsphiloſophie. Aus beiden Quellen her floß ſeine hiſtoriſche Auffaſſung" (S. 38).

Wir wollen uns nun nicht mit Lamprecht's Anſicht von dem Zuſammenhang der Identitätsphiloſophie mit der lutheriſchen Refor=mation auseinanderſetzen, auch nicht mit der Behauptung, daß Ranke dem Kosmopolitismus gehuldigt habe — er verwechſelt Kosmo=politismus mit Univerſalismus der Betrachtung (Ranke's Jugendzeit ſcheint nach ihm vor dem Erwachen der nationalen Idee in Deutſch=land ihren vollſtändigen Abſchluß gefunden zu haben). Die Haupt=ſache iſt: er hat von Ranke's Ideen gar keine Ahnung. Ranke hat mit aller wünſchenswerten Deutlichkeit ausgeſprochen, was er unter „Ideen" verſteht. Er ſagt (Weltgeſchichte 9, S. 7): „Ich kann unter leitenden Ideen nichts anderes verſtehen, als daß ſie die herrſchenden Tendenzen in jedem Jahrhundert ſind." Niemand beſtreitet, daß Ranke ganz beſtimmte und zwar lebendige religiöſe Anſchauungen gehabt hat. Allein er hat die Aufgabe des Hiſtorikers ſtets darin geſehen, menſchliches aus menſchlichen Motiven zu erklären. Er glaubte an die göttliche Weltregierung. Allein er hat ſich nicht für befugt gehalten, zur Erklärung des Laufes der Dinge ein übernatürliches Eingreifen heranzuziehen[1]). Er nahm die Ideen nicht irgendwie von auswärts her, ſondern er ſuchte ſie aus den Vorgängen zu ermitteln. „Die geſchichtliche Ideenlehre" — ſagt Lorenz[2]) mit Recht — „thut den Einzelheiten des geſchichtlichen Lebens nirgends einen Zwang an." Es ſind ferner zwar Berührungspunkte zwiſchen der Auffaſſung Ranke's und der Philoſophie ſeiner Zeit vorhanden. Er ſteht ganz gewiß unter ihrem Einfluß. Und auch wo ein ſolcher nicht vor=handen iſt, gelangt er von andern Ausgangspunkten aus doch theil=

---

[1]) Was man allenfalls zugeben kann, darüber ſ. Feſter, Quidde's Zeit=ſchrift 6, 253; Meinecke, H. Z. 77, 262.

[2]) Die Geſchichtswiſſenſchaft in Hauptrichtungen und Aufgaben 2, 51 ff.: Ideenlehre.

weise zu denselben Zielen¹). Allein, wenn man Ranke's Stellung zur Philosophie präcisiren will, so muß man doch in erster Linie hervorheben, daß er gegenüber den konstruirenden Philosophen der empirische Historiker ist.

Nach Lamprecht müßte man sich Ranke's Darstellung so vorstellen, daß er überall hervorhebt, dies und das sei eine „Manifestation Gottes"; diese oder jene Person werde in ihrem Thun durch „göttliche Emanation"²) unterstützt; daß er überall auf die Ordnung der Dinge durch den Finger Gottes hinweist. Ein solches Verfahren aber hat Ranke ja gerade abgelehnt. In seiner ersten Schrift (vom Jahre 1824) sagt er S. 214: „Die innere Entwicklung einer menschlichen Seele ist uns verborgen, die wir blöde Augen haben. Die Theilnahme des lebendigen Gottes an solcher Entwicklung, seine Warnung, seine Hülfe kann selbst der nicht ohne Täuschung unterscheiden, der sie erfährt; noch viel weniger ein Anderer." In dem letzten „Zeitraum seines langen Lebens" stand er noch durchaus auf demselben Standpunkt: allbekannt sind ja seine Worte über die Stellung des Geschichtschreibers zur Erforschung der Entstehung des Christenthums (Weltgesch. 3, S. 160). Er hat gelegentlich seine religiöse Überzeugung durchschimmern lassen, die Arbeit des Forschers aber immer darauf beschränkt, „die Ereignisse allein aus menschlichen Motiven zu erklären"³). Die Zurückhaltung, die er übte, war so groß, daß ein klerikaler Autor ihm alles Ernstes vorwerfen konnte, er leugne die Vorsehung⁴). So verhält es sich freilich keineswegs. Indessen der klerikale Autor zeigt damit doch noch immerhin etwas mehr Kenntnis von Ranke's Auffassung, als Lamprecht mit den Tiraden über seinen „Mystizismus"⁵).

---

¹) H. 3. 75, 399 f.
²) Deutsche Zeitschr. f. Geschichtswissenschaft N. F. 1, 108.
³) Fester, Quidde's Zeitschr. 6, 253.
⁴) Angeführt von Fester S. 252.
⁵) Im übrigen genügt es, für die Beurtheilung der Ideen Ranke's auf die Ausführungen von Lorenz und Fester zu verweisen. Gegen Lamprecht's Auffassung haben sich Buchholz (a. a. O.), Meinecke (H. 3. 77, 262), Hintze (H. 3. 78, 60 ff.), am eingehendsten Rachfahl (zuletzt Jahrbücher f. Nat. 68, 676 ff.) ausgesprochen. Was Lamprecht in den Jahrb. f. Nat. 68, 893 gegen Rachfahl bemerkt, beruht, wie dieser ebenda S. 901 feststellt, auf einem argen Mißverständnis. In welcher Weise Lamprecht seine Siege zu erkämpfen pflegt, dafür liefert seine Polemik gerade in diesem Punkte einen interessanten

Lamprecht's Vorwurf aber, daß Ranke's Anschauungen „vor allem auf einem Standpunkt persönlichen Glaubens" ruhen, fällt auf ihn selbst zurück. Er operirt seinerseits mit dem Begriff der „Richtungen des psychischen Gesammtorganismus", der „sozialpsychischen Entwicklungsstufen". Von diesen haben nun seine Kritiker (namentlich Nachfahl)[1]) bemerkt, daß sie eine auffallende Ähnlichkeit mit Ranke's Ideen besäßen. Diese Bemerkung trifft vollkommen zu, soweit man jenen Begriff in wissenschaftlichem Sinne fassen kann. Lamprecht verknüpft damit freilich eine Bedeutung, die den Ranke'schen Ideen nicht eigen ist. Er führt[2]) nämlich als unterscheidendes Merkmal seiner sozialpsychischen Entwicklungsstufen an: „Innerhalb derselben Nation geht infolge des beständigen Wachsthums der psychischen Energie des nationalen Wirkens immer die eine kausal aus der anderen hervor...." „Die sozialpsychischen Entwicklungsstufen sind die Entwicklungsstufen des geschichtlichen Lebens im Verlaufe der nationalen Geschichte überhaupt: sie sind typisch." „Sie sind die

---

Beleg. Hinze hatte den transcendentalen und mystischen Charakter der Ranke'schen Ideen bestritten. Dazu bemerkt Lamprecht (Zukunft 18, 24): „Wir sind damit nun hoffentlich über die transcendente Auffassung der Nothwendigkeiten hinweg". Dies „nun ... hinweg" ist klassisch. Lamprecht macht aus Ranke's Auffassung einen Popanz, den man bekämpfen müsse. Als seine Kritiker erklären, dieser Popanz existire nicht, ruft er aus: „nun habe ich hoffentlich für immer gesiegt!" — Als Beweis für den mystischen Charakter der Auffassung Ranke's, speziell dafür, daß er nicht feststellen will, „wie die Ideen aus Gott hervorgehen", daß „schon in den geschichtlichen Anfängen jeder Idee für ihn das Geheimnis beginnt", beruft sich Lamprecht (Alte u. neue Richtungen S. 44) auf Lorenz 1, 268; 2, 59 Anm. 2. Hier aber betont Ranke nur, daß der Historiker etwas weiteres als die Ideen durch seine Forschung nicht herauszubringen vermöge. Er erklärt damit, daß alle weiteren Anschauungen jenseits des empirischen Beweises lägen. Diese Worte sind ein schönes Zeugnis für die kritische Zurückhaltung Ranke's; sie zeigen ihn als wahren Empiriker. Sie beweisen gerade gegen Lamprecht's Auffassung, daß Ranke überall „hinter seinen Ideen Gott sieht". Vgl. Nachfahl, a. a. O. S. 679. Von einem „Hervorgehen der Ideen aus Gott" ist hier natürlich gar nicht die Rede. — Leider hat Lamprecht's Schilderung der Ideen Ranke's bei L. M. Hartmann Glauben gefunden (Nation, 26. Sept. 1896, S. 786).

[1]) Nachfahl, a. a. O. S. 686 nennt die sozialpsychischen Faktoren Lamprecht's „eine erneuerte und verfälschte Auflage der Ranke'schen Ideenlehre".
[2]) Deutsche Zeitschr. f. Gesch.-Wissensch. N. F. 1, 109 f.; Zukunft 18, 30 f.

Die neue historische Methode.

nothwendigen Ingredienzien der Geschichte." Das sind Behauptungen, die über die Ergebnisse wissenschaftlicher historischer Untersuchung hinausgehen. Hier befinden wir uns auf dem Felde des Glaubens, im Mystizismus im schlimmen Sinne des Wortes. Doch um diese Anschauungen Lamprecht's zu erläutern, müssen wir auf seine Ansicht von dem Verhältnis von Freiheit und Nothwendigkeit in der Geschichte näher eingehen.

III.

Den Kern seiner neuen Entdeckungen sieht Lamprecht gerade eben in dem Gewinn einer neuen Erkenntnis des Verhältnisses zwischen Freiheit und Nothwendigkeit.

Hierbei machen wir nun wiederum die Beobachtung, daß ihm jede Kenntnis der Stellung der bisherigen Geschichtsschreibung fehlt, oder daß er von ihr nichts wissen will. Einige Proben werden genügen.

Lamprecht erzählt einmal,[1]) die Romantik sei „ein absoluter Subjektivismus" gewesen. W. v. Humboldt „hatte mit dieser Strömung Fühlung"; er „war mithin zum absoluten Individualisten geschaffen". Dagegen Goethe, als Schüler und Anhänger Herders, habe zu dessen geschichtlichen Anschauungen (von einem unbewußten Seelenleben namentlich) den Gedanken gefügt, daß „dem großen Individuum innerhalb der Schranken des geschichtlich Nothwendigen immerhin der Spielraum einer für unser Denken anscheinend unauflöslichen und darum frei erscheinenden Thätigkeit bleibe." So war er zum Propheten der Weltanschauung unserer Tage geworden: kein Wunder, daß die Goethe-Gemeinde seit einem Menschenalter in raschem Flor emporblüht, ja sich eigentlich schon zum Kreise der Gebildeten der Nation erweitert hat. Gegenüber Herder und Goethe nun vertritt Humboldt den Gedanken der Romantik: „das Individuum allein, und zwar der Zweck jedes einzelnen Individuums für sich, nicht der Gesammtheiten, bewegt die geschichtliche Welt, und die großen Individuen beherrschen sie." Hinzunehmen muß man, daß nach Lamprecht alle „bisherigen" Historiker den von ihm konstruirten Humboldt'schen Standpunkt einnehmen.

Die Komik dieser Ausführungen wollen wir durch kein Urtheil beeinträchtigen. Wir stellen ihnen nur einige Thatsachen gegenüber.

---

[1]) Jahrb. f. Nat. 68, 898.

Schleiermacher, der mit der Romantik doch noch mehr „Fühlung" hat als Humboldt, meint gelegentlich,[1]) gegenüber der pragmatischen Auffassung: „der eigentliche Grund großer Begebenheiten ist immer der allgemeine Zustand der Zeit". Die Ansicht der Romantiker (insbesondere die von Jakob Grimm) über die Entstehung des Volksliedes ist von Subjektivismus, Individualismus bekanntlich himmelweit verschieden[2]). Wie sich die — romantische — historische Rechtsschule die Entwicklung des Rechts dachte, haben wir schon gesehen. Humboldt konnte von diesen Kreisen wahrlich nicht den von Lamprecht stigmatisirten Subjektivismus lernen. Und besaß er ihn denn überhaupt? Humboldt wird — sagt Fester[3]) — lange vor der historischen Rechtsschule und vor Schelling und Hegel der Verkünder der tiefen politischen Wahrheit, daß „sich Staatsverfassungen nicht auf Menschen, wie Schößlinge auf Bäume pfropfen lassen". Denn, „wo Zeit und Natur nicht vorgearbeitet haben, da ist's, als bindet man Blüten mit Fäden an. Die erste Mittagsonne versengt sie." Man hat mit Recht das Lebensideal Humboldt's ein „individualistisches" genannt, vor allem in der Hinsicht, daß er ein Gegner des bevormundenden Absolutismus war. Allein dieser Standpunkt hat an sich noch nichts mit der Auffassung zu thun, daß die Persönlichkeit alles im geschichtlichen Verlaufe mache; er kann sie sogar ausschließen. Im übrigen ist es überflüssig, hier über die Stellung Humboldt's zu Rationalismus und Romantik zu streiten, da er jedenfalls nicht den umfassenden Einfluß auf die Geschichtschreibung gehabt hat, den Lamprecht konstruirt. — Wenn Lamprecht von dem Subjektivismus der Romantiker spricht, so hat er vielleicht — vielleicht auch nicht! — eine dunkle Reminiscenz an etwas anderes. Er hat vielleicht einmal gehört, daß Schleiermacher „der Verkünder der großen Lehre von der Individualität"[4]) sei. Das ist jedoch wiederum noch nicht identisch mit der Theorie, daß im geschichtlichen Verlauf das Individuum alles bedeute. Man kann der Pflege der Eigenthümlichkeit der Persönlichkeit, der freien Bildung der Individualität das Wort reden und braucht deshalb doch nicht, wie gerade das Beispiel Schleier-

---

[1]) Dilthey, Schleiermacher Bd. 1, Denkmale S. 64.
[2]) Vgl. z. B. Scherer S. 628. Neuerdings hat darüber ausführlich John Meier, Allg. Zeitung, Beilage vom 7. und 8. März 1898, gehandelt. Die Lektüre von Meier's Abhandlung wird Lamprecht sehr nützlich sein.
[3]) Fester, Rousseau und die deutsche Geschichtsphilosophie S. 296.
[4]) Dilthey, a. a. O. S. 239.

macher's beweist, zu behaupten, daß „das Individuum allein die geschichtliche Welt bewegt". Erst neuerdings hat z. B. Volkelt als sittliches Ziel Belebung, Pflege, Ausbau, Steigerung der eigenen Individualität bezeichnet und dabei gleichzeitig die großen Individuen nur „einen ebenbürtigen Faktor" genannt: „ihre Originalität hält sich innerhalb gewisser durch die jeweilige Entwicklungsstufe des Volkes gegebener Grenzen"[1]). Das wäre also ungefähr der Standpunkt, den Lamprecht Goethe im Gegensatz zu den Romantikern zuschreibt!

Bei den Romantikern aber trägt die Achtung der Individualität noch ein ganz besonderes Gepräge. Sie beruht zugleich auf der Vertiefung in die fremde Individualität, dem Verständnis derselben, überhaupt dem Verständnis des inneren Lebens, dem Glauben an die Welt des Gemüts, namentlich auch der Vertiefung in die Individualität des Volkes, des fremden Volkes, dem Verständnis der verschiedensten Epochen der Völker. Dies indessen ist gerade eine Seite des „Individualismus" der Romantik, die Lamprecht, wie wir noch sehen werden, völlig unbekannt ist.

Sein ganzes System leidet, wie wir auch noch weiterhin beobachten werden, darunter, daß er sich nicht klar gemacht hat, in welchen verschiedenen Bedeutungen man das Wort „individualistisch" gebraucht.

Daß die bisherigen Historiker Individualisten sind, die Gründe des historischen Geschehens hauptsächlich und prinzipiell in den singulären und konkreten Zwecken der einzelnen (großen) Individuen suchen, diese Behauptung ist Lamprecht's Steckenpferd. Meinecke hat ihn dem gegenüber darauf aufmerksam gemacht, daß schon ein Hinweis auf Ranke's Ideenlehre und die historische Rechtsschule genüge, um die Hinfälligkeit jener Behauptung darzuthun; die „ältere Richtung" stecke wirklich nicht so tief in den Kinderschuhen einer rationalistisch-teleologischen Methode (H. Z. 76, 530 f.). Er entgegnete darauf mit seiner wunderlichen Definition der Ranke'schen Ideen und mit folgendem klassischen Satze (H. Z. 77, 257): „Meiner Ansicht nach sind die älteren jetzt herrschenden politischen Richtungen der Geschichtswissenschaft gerade dem nichtrationalistischen Gedanken der älteren historischen Rechtsschule, daß sich im Rechte der Volksgeist ausdrücke, ein Gedanke, der die Grimm's mit Herder verband, kräftig entgegengetreten." Es ist sehr gut, daß er hier von „Ansicht" spricht; Kenntnis spricht er sich selbst nicht zu. Das Bestreben, etwas

---

[1]) Volkelt, Zeitschr. f. Philos. und philos. Kritik 111, 9. 20 f.

Gelehrsamkeit durch den Relativsatz über „die Grimm's" und „Herder" zu zeigen, ist nur zu verrätherisch. Was er sich wohl unter einer „jüngeren" historischen Rechtsschule denkt? Vielleicht theilt er mit, welcher „rationalistische" Gedanke in dem System Savigny's steckte. Er bringt es auch fertig, nachher noch zu erklären, „die von mir aufgeworfene und nach meinen Anschauungen beantwortete Frage nach dem eigentlichen Charakter der älteren Richtungen" müsse noch „eingehender behandelt werden" (sc. von seinen Gegnern; der „bloße Hinweis" Meinecke's genüge nicht). Ach, der große Fragesteller hätte die Frage gar nicht aufzuwerfen und auch gar nicht seine Anschauungen vorzutragen brauchen. Er hätte das Buch aufschlagen sollen, das in einem solchen Falle jeder normale Student zur Hand nimmt, nämlich Sybel's Kleine Schriften, Bd. 1, der den Aufsatz: „Über den Stand der neueren deutschen Geschichtschreibung" enthält. Hier ist zu lesen (S. 347): „Man lernte die sonst getrennten Gebiete des Rechtes und der Sprache, der Religion und der Sitte, des Staates und der Kirche, als zusammengehörige Äußerungen dieses einen großen Volkslebens begreifen". Der Verdienste Savigny's und Eichhorn's (auch der Lamprecht'schen Gebrüder Grimm, allerdings nicht beim Recht!) wird ohne Einschränkung gedacht (S. 348). Ja, es heißt sogar (S. 357): „die Grundbegriffe der Kulturgeschichte werden noch in gleichem Sinne gehandhabt, wie sie Eichhorn und Savigny ... feststellten"[1]). Nicht ganz vergessen wird auch Gervinus' Geschichte des 19. Jahrhunderts sein. Dieser, der noch vielleicht einiges von dem „rationalistischen Gedanken" besitzt, ist doch weit entfernt davon, die Hauptthese der historischen Rechtsschule zu bestreiten. Er bemerkt über Niebuhr (8, 42): „In kraft seiner historischen Einsicht war er allem Pragmatismus natürlich entgegengesetzt; gleichwohl verfiel er in den seltsamen Widerspruch, daß er, wo er auf diesen bewegten Punkt in der neuesten Geschichte, die Revolution, stieß, immer zum plattesten Pragmatiker ward". „Bei all diesem konservativen Eigensinne war es dem Historiker indessen sehr wohl bewußt, daß das Recht des Werdens ebenso viele Berücksichtigung erheischt, wie das Recht des Bestehens" (S. 44). Gervinus macht also Niebuhr nur den Vorwurf, der in der That die historische Rechtsschule trifft: daß sie nämlich, indem sie das Werden des Rechts lehrte,

---

[1]) Vgl. noch heute H. v. Treitschke, Politik S. 4; Varrentrapp, Hist. Bibliothek 3, 13.

von einem Werden in der Gegenwart weniger wissen wollte. Ähnlich lautet sein Urtheil über Savigny (S. 45 ff.). Im übrigen erklärt er sich gegen die „rationalistischen Aufklärungszeiten" (S. 48) und hebt (S. 49) hervor, daß „der Grundzug der deutschen Romantik, jene Gabe der Entäußerung, in die eigenste Natur jedes Nationalwesens und jeder Geschichtsepoche in lebensvoller Anschauung einzudringen, befruchtend aller Art von Wissenschaft, durch die historische Schule auch der Rechtswissenschaft, zu gute gekommen" ist.

Man kann außer dem, was Gervinus gegen die historische Rechts=schule bemerkt hat, noch einiges andere geltend machen[1]). Der Ge=danke der Entwicklung, den sie vertritt, löst ja noch keineswegs das Welträthsel ganz. Das Naturrecht hatte den Einzelnen aus dem Zu=sammenhange seines Volkes, seiner Gemeinschaft losgelöst und den gemeinsamen Einrichtungen und Lebensformen als souveränen Autor gegenübergestellt. Dem gegenüber bedeutet die Lehre der historischen Rechtsschule einen wichtigen wissenschaftlichen Fortschritt. Allein sie erwiderte die Einseitigkeit des Naturrechts mit einer andern Ein=seitigkeit. Sie betrachtete den Einzelnen lediglich als abhängigen Träger von Funktionen, welche ihr Gesetz aus dem Ganzen heraus empfangen. „Dabei blieb unbeachtet, daß die Einzelpersönlichkeit in diesem funktionellen Verhältnis nicht aufgehe, daß sie nicht bloß Glied eines höheren Organismus sei"[2]). Die deutsche Geschichtschreibung ist in der Praxis im allgemeinen nicht so einseitig gewesen. Allein — worauf es hier ankommt — jene Hauptthese der historischen Rechts=schule ist in ihrem berechtigten Inhalt von keinem deutschen Historiker, der auf wissenschaftliche Bedeutung Anspruch erheben kann, bestritten worden. Und soweit die deutsche Geschichtschreibung ihre Über=treibungen abgelehnt hat, ist es mehr in der Praxis als durch theoreti=schen Widerspruch, mehr unbewußt als bewußt geschehen. Lamprecht's Behauptung von dem „kräftigen Entgegentreten" ist nicht nur materiell unrichtig, sondern es ist auch der Ausdruck so unglücklich wie nur möglich erfunden.

Die Leser werden die Proben Lamprecht'scher Ignoranz, die ich hier vorgeführt habe, entsetzlich finden. Indessen ich bin noch nicht am Ende angelangt. Ich muß noch schrecklichere Enthüllungen machen.

---

[1]) Zur Kritik der historischen Rechtsschule vgl. aus neuester Zeit Stamm=ler, Wirthschaft und Recht S. 170 ff.; Örtmann, Deutsche Literaturzeitung 1894, Sp. 974 ff.

[2]) Merkel, a. a. O. 4, 10.

In seinem Aufsatz: „Was ist Kulturgeschichte? Beitrag zu einer empirischen Historik" (Deutsche Ztschr. f. G. W., N. F. Bd. 1), der sein Programm am eingehendsten darlegt, schildert Lamprecht (S. 77 f.) die Anschauungen des Rationalismus des 18. Jahrhunderts, seinen Individualismus, seine Individualpsychologie. „Die Psychologie des Rationalismus", wie er schlechthin sagt,[1]) kannte nicht den Begriff der natürlichen Gesellschaft, nicht den der Nation als der vollendetsten Art aller natürlichen Gesellschaften, behandelte die gesellschaftlichen Einrichtungen als willkürliche, durch die Einzelpersonen vom Nützlichkeitsstandpunkte aus geschaffene Institute. Ihr Hauptcharakteristikum ist die Lehre vom Staatsvertrag. Jenseits der Vertragsgenossenschaften kannte sie nur noch den Begriff der Menschheit. „Diese Individualpsychologie ist nun" — fährt Lamprecht fort — „die Basis unserer Geschichtschreibung gewesen in den Zeiten Schlosser's, Gervinus' und Ranke's; und sie ist auch heute noch, wenn auch vielfach unbewußt, prinzipiell die Basis unserer älteren historischen Schulen." Eine Änderung der Auffassung hat erst die neuere psychologische Forschung angebahnt. „Eine jüngere Generation von Forschern, als deren Repräsentant etwa Bernheim gelten darf," hat sich der Änderung schon etwas „akkommodirt", hält aber doch „immer noch an dem Gedanken der alten individualistischen Schule fest" (S. 83). Vollkommen modern ist nur — müssen wir ergänzen — Lamprecht.

Die Leser werden starr sein. Wir haben es hier mit der abenteuerlichsten Behauptung zu thun, die im ganzen 19. Jahrhundert aufgestellt worden ist. Also Ranke der Sohn des Rationalismus, Anhänger der Lehre vom Staatsvertrag[2]). Nicht einmal für Schlosser und Gervinus trifft Lamprecht's Schilderung zu: Beide stehen schon unter dem Einfluß der romantischen Bewegung[3]). Aber Ranke! Und auch noch dessen Nachfolger bis „heute"! Sie würden alle noch zum 18. Jahrhundert zu rechnen sein! Die Hauptmarksteine in der Entwicklung der Historiographie wären danach also etwa die Werke von Voltaire (als dem Repräsentanten des Rationalismus), Bernheim,

---

[1]) Es gehört zu der renommistischen Art Lamprecht's, daß er da, wo andere schlicht von Anschauungen sprechen, das Wort „Psychologie" zu gebrauchen liebt.
[2]) Lamprecht schreibt thatsächlich Ranke die Lehre vom Staatsvertrag zu, wie schon Rachfahl (a. a. O. S. 664 Anm. 1), ohne daß Lamprecht zu widersprechen wagte, festgestellt hat!
[3]) Über Schlosser s. oben S. 199 Anm. 1.

Lamprecht. Doch wir dürfen uns nicht wundern: wir haben ja gesehen, daß Lamprecht von der romantischen und der historischen Rechtsschule schlechterdings nichts weiß. Er meint wohl, am Ende des 18. Jahrhunderts zu leben und den Drachen des Rationalismus bekämpfen zu müssen. Mit Verlaub: das haben schon andere gethan: die Romantiker, Savigny, Eichhorn, die Herrn Lamprecht doch sonst bekannten Brüder Grimm, Hegel, Schelling u. s. w.

Von hier aus wird Lamprecht's System erst verständlich. Er deklamirt beständig gegen Ranke und seine Schüler und die „Junkrankianer", weil er sie für — Rationalisten hält! Er ist in allem um ein Jahrhundert zurück!

1) Lamprecht glaubt zuerst den Begriff der Nation in die Geschichtswissenschaft eingeführt zu haben. Wie kindlich! Was rühmt doch Scherer an W. v. Humboldt? „Philologie in Humboldt's Sinn ist die Wissenschaft der Nationalität: sie durchforscht sämmtliche Lebensgebiete eines Volkes und weist in allen die unterscheidende Eigenthümlichkeit desselben nach" (S. 631). „Die Wissenschaft der Nationalität, wie sie W. v. Humboldt vorschwebte, hat niemand so energisch und vielseitig auf das heimische Wesen angewendet" wie die Brüder Grimm (S. 637). Der historischen Rechtsschule — sagt Merkel[1] — „erscheint das Volk nicht als eine Summe von Einzelexistenzen, sondern als ein selbständiges Ganzes und als Subjekt einer eigentümlichen Entwicklung". Sie vertritt das Nationalitätsprinzip sogar „einseitig". Am Anfang des 19. Jahrhunderts „erhob sich" — bemerkt Sybel (Kl. Schriften 1, 346) — „Vergangenheit und Gegenwart verbindend, die Vorstellung der Nationalität, als einer großen, die einzelnen Menschen umfassenden, durch die Zeitalter hindurch wachsenden Persönlichkeit. Man lernte, die sonst getrennten Gebiete des Rechtes und der Sprache, der Religion und der Sitte, des Staates und der Kirche, als zusammengehörige Äußerungen dieses einen großen Volkslebens begreifen".

Lamprecht jammert beständig, daß „die älteren historischen Schulen" (d. h. so ziemlich alle deutschen Historiker des 19. Jahrhunderts außer ihm) von der Lehre vom Gesammtwillen, Gesammtbewußtsein der sozialen Bildungen, von dem „Generischen", den sozialpsychischen

---

[1] Merkel, a. a. O. S. 9. 14. Zu dem „Gedanken des Aristoteles" bei Lamprecht S. 78 vgl. Merkel S. 10!

Strömungen, den Kollektivkräften nichts verständen, daß alle Individualisten, nicht „Kollektivisten" seien. Nun ist er aber, trotzdem er von der Romantik und der historischen Rechtsschule nichts weiß, doch manchmal in der „bisherigen" Geschichtschreibung auf Äußerungen gestoßen, die ihm Schmerzen machen. Wie er sich mit den ihm unbequemen Ideen Ranke's abgefunden hat, wissen wir bereits. Weiter ist er bei Droysen über den Satz gestolpert: „In der Gemeinschaft der Familie, des Staates, des Volkes u. s. w. hat der Einzelne über die enge Schranke seines ephemeren Ich hinaus sich erhoben, um, wenn ich so sagen darf, aus dem Ich der Familie, des Volkes, des Staates zu denken und zu handeln." Was nun? Das ist ja kollektivistisch! Lamprecht hilft sich, indem er Droysen in der bisherigen Geschichtswissenschaft eine Sonderstellung zuweist: er „steht aus der ganzen Gruppe der Individualisten kollektivistischen Anschauungen weitaus am nächsten"! Nach diesem Maßstabe gemessen, könnte sich Lamprecht noch recht viele „Individualisten" beschaffen, die seinem Standpunkte „weitaus am nächsten stehen"! Er braucht nur z. B. Sybel[1]), der doch ein Erzindividualist sein soll, zu lesen, etwa die Geschichte des ersten Kreuzzugs, die Abschnitte „Motive und Anlaß" und „die Askese": da findet er genug Dinge, die ein nach massenpsychischen Vorgängen dürstendes Herz erfreuen müssen. Da begegnet sogar der Satz (zweite Auflage, S. 159): „In diesem Zusammenhange erscheint denn das Pilger- und Wallfahrtenwesen als eine höchst natürliche Äußerung wesentlicher Gesammtrichtungen." Wie herrlich „kollektivistisch"! Auch bei Ranke braucht Lamprecht nur zu blättern, um sehr bald etwas zu finden. Wenn derselbe von dem „eingeborenen Sinn der Nation" spricht, aus dem eine Sache zu erklären sei (S. W. 51/52, 158), so handelt es sich ja hier um etwas „Generisches". Und wenn er einmal ausführt (Reform. 4, 4), daß Tendenzen, „längst in der Tiefe wirksam und nun durch die gewaltige Erschütterung

---

[1]) Sybel hat sich auch programmatisch hierüber ausgesprochen und die Auffassung, die Lamprecht ihm andichtet, als die veraltete bezeichnet. Er tadelt (Kl. Schriften 1, 348) die Beschränkung der historischen Darstellung auf „die großen Hof- und Staats- und Kriegsaktionen, wobei überall die herrschenden Persönlichkeiten im Vordergrunde der Auffassung standen". Sein Grundsatz ist es, „die Beschaffenheit des gesammten Kulturzustandes eines Volkes zum Ausgangs- und Zielpunkt der Betrachtung zu nehmen". Man muß solche Stellen anführen, um der Gemeinde Lamprecht's klar zu machen, daß sie einem Don Quixote nachläuft.

plötzlich entbunden", sich erhoben, so zeigt er, daß er allen Chikanen der von Lamprecht empfohlenen "Methode" gewachsen ist[1]). Es verhält sich eben so, daß das, was Lamprecht als erster für die deutsche Wissenschaft leisten zu müssen meint, von den deutschen Gelehrten längst schon gethan worden ist. Auf die Unterströmungen, auf die Kollektivkräfte ist man längst aufmerksam geworden. Wundt hebt in seinem Grundriß der Psychologie (zweite Auflage) S. 362 hervor, daß man früher geneigt war, alle geistigen Erzeugnisse der Gemeinschaften so viel wie möglich als willkürliche, von Anfang an auf bestimmte Nützlichkeitszwecke gerichtete Erfindungen zu behandeln. "Ihren hauptsächlichsten philosophischen Ausdruck fand diese Anschauung in der Lehre vom Staatsvertrag, nach welcher die geistige Gemeinschaft überhaupt nichts ursprüngliches und natürliches sein sollte, sondern auf die willkürliche Vereinigung einer Summe von Individuen zurückgeführt wurde." Aber wer aus der Schule Ranke's schwört denn auf den Staatsvertrag? Wenn Lamprecht es noch für nothwendig hält, die Rationalisten und Naturrechtslehrer des vorigen Jahrhunderts zu kritisiren, so mag er seine Zeit darauf verwenden. Allein er darf mit ihnen nicht die deutschen Historiker des 19. Jahrhunderts verwechseln; denn diese fassen gerade die geistige Gemeinschaft des Volkes als etwas "ursprüngliches und natürliches". Man darf behaupten, daß die Geschichtsforschung in dieser Beziehung früher zu richtigen Erkenntnissen durchgedrungen ist als die Schulpsychologie.

Man stellt uns oft Taine als Muster hin. Indessen was in seinem System richtig ist, hatte die deutsche Geschichtschreibung lange vor ihm erkannt. Gegen seine Übertreibungen jedoch hat sie sich mit Recht ablehnend verhalten. Wenn er als einen Wendepunkt in seiner Entwicklung die Beobachtung bezeichnet, daß "die plötzliche Erfindung einer völlig neuen, zugleich zweckmäßigen und dauerhaften Verfassung ein Unternehmen ist, welches die Kräfte des menschlichen Geistes übersteigt, daß die politische und soziale Form, die sich ein Volk bleibend geben kann, keine Sache seiner Willkür, sondern bestimmt ist durch seinen Charakter und seine Vergangenheit"[2]), so war dieser Gedanke den Deutschen wahrlich nicht fremd; man hatte ihn seit Savigny oft

---

[1]) Vgl. Lamprecht, Zwei Streitschriften S. 40 ff.; Deutsche Zeitschr. f. Geschichtswissensch. N. F. 1, 95 Anm. 3.
[2]) Vgl. H. v. Sybel, Kl. Schriften 3, 233.

genug wiederholt! Taine's Nachweis, daß die Lehre vom contrat social irrig sei, brachte uns nichts neues. Die übrigen Teile seines Systems aber haben nicht deshalb in der deutschen Geschichtschreibung[1]) keinen Eingang gefunden, weil man für sie nicht Verständnis besaß, sondern weil man sie klar als unrichtig erkannte[2]).

2. Den Individualismus der Rationalisten läßt Lamprecht ferner namentlich in der Weise die deutsche Geschichtschreibung des 19. Jahrhunderts beherrschen, daß sie die Bedeutung der Persönlichkeit im geschichtlichen Verlaufe einseitig betone. Mit Ranke — der nach Lamprecht ja Anhänger der „Psychologie des Rationalismus" ist —, oder genauer: „mit dem Emporsteigen der Sterne Ranke's siegte die individualistische Auffassung auf fast zwei Generationen, um neuerdings von der sozialpsychologischen abgelöst zu werden[3])." Es ist von vornherein sehr wunderlich, die übertriebene Wertschätzung der Persönlichkeit an den Namen Ranke's zu knüpfen. Man weiß, daß er nie einseitig die Freiheit der Persönlichkeit, sondern immer die Verflechtung von Freiheit und Notwendigkeit betont hat. Im Laufe der Jahre hebt er die letztere sogar etwas mehr hervor. Indessen auch schon früher thut er gelegentlich eine Äußerung, die selbst einen Anhänger des „Milieu" erfreuen muß (z. B. an der citirten Stelle S. W. 51/52, 158)[4]). Aber es läßt sich überhaupt der deutschen

---

[1]) Wenigstens in der politischen Geschichtschreibung haben sie keinen Eingang gefunden. Es ist ein schönes Zeichen für sie, daß sie sie abgelehnt hat.

[2]) M. Ritter bemerkt, nachdem er Sybel und Taine gegenübergestellt (Allg. Zeitung, Beilage 21. Sept. 1893): „Hoffentlich wird die Geschichtsforschung auf den Wegen Sybel's weitergehen."

[3]) So Lamprecht in dem Vorwort zu der Geschichte Rußlands von A. Brückner, durch das er die Übernahme der Redaktion der „Geschichte der europäischen Staaten" feierlich verkündete.

[4]) Hinneberg (H. Z. 63, 40 Anm. 1) ist der diametral entgegengesetzten Ansicht wie Lamprecht. Er rechnet Ranke, um den Lamprecht'schen Ausdruck zu gebrauchen, zu den „Kollektivisten" oder „Universalisten". Irrig ist diese Auffassung auch. Aber es steckt in ihr doch noch etwas mehr Wahrheit als in den Lamprecht'schen Tiraden. Vgl. auch noch Ranke, S. W. 49/50, 194: „Wäre es möglich, die politischen Parteien durch eine geistige Anatomie bis in ihre geheimsten Bestandtheile zu zerlegen, so würde man, glaube ich, zuletzt auf ein irrationales Element stoßen". An diesem Satze mag sich Lamprecht einmal klar machen, wie himmelweit Ranke von der „rationalistischen Psychologie" entfernt ist. Vgl. Laas, Idealismus und Positivismus

Geschichtschreibung durchaus nicht der Vorwurf machen, daß sie das Moment der Freiheit übertrieben habe. Lamprecht phantasirt sich hier wie überall ein Trugbild vor. Die Täuschung ist gerade in diesem Fache so stark, daß jene komische Annahme, die Schule Ranke's sei ein Kind des Rationalismus, nicht als einzige Erklärung gelten kann. Natürlich hat sich Lamprecht nicht im Entferntesten bemüht, seine Behauptungen zu beweisen. Er titulirt lustig darauf los diesen und jenen, besonders seine Gegner, „Individualisten"[1]). Es wäre seine Pflicht gewesen, sich etwas zu orientiren. Wir besitzen außer der

---

3, 243: „Ein Grundzug alles erkenntnistheoretischen Rationalismus ist die Voraussetzung, daß sich alles bis auf den Grund rationalisiren lasse, oder das Bedürfnis, alles rationalisirt, d. h. durchsichtig, verständlich, vernunftgerecht, begreiflich gemacht zu sehen ... Für uns ist die absolute Durchsichtigkeit, welche der Rationalist sucht, nur in Beziehung auf die logische Seite unserer Gedanken, in Beziehung auf die formale oder hypothetische Wahrheit zu erreichen. Überall, wo über die selbstverständlichen Gesetze der Widerspruchslosigkeit hinausgegangen wird, kommen starre Thatsachen oder zu ihrer Erklärung in's Spiel gesetzte Denkgewohnheiten, Bedürfnisse, Hypothesen zur Geltung ... Immer ist Unauflösbares übrig geblieben. Wir konnten immer nur unsere Verwunderung und Unwissenheit um einige Stufen zurückschieben."

[1]) So z. B. spricht er (Deutsche Zeitschr. f. Geschichtsw. N F. 1, 109) von Lorenz' „ausschließlich individualistischer Haltung". Auf Grund welcher Thatsachen? Nach Lamprecht (a. a. O. S. 78) huldigt natürlich auch Gervinus der rationalistischen Individualpsychologie. Dagegen vgl. dessen Einleitung in die Gesch. des 19. Jahrhunderts (vierte Auflage) S. 168 f. In „Zwei Streitschriften" S. 41 ff. wird Lenz als extremer Individualist geschildert. S. 51 begegnet das unten zu erwähnende elende Argument. M. Lehmann ist „der Begabteste der Gruppe der Individualisten", Lenz „sein Gesinnungsgenosse" (Zukunft, 5. März 1898). Besonders stark ist Lamprecht in der Bildung von „Gruppen" unter seinen Gegnern. Wer wird sich aber noch über grundlose Behauptungen bei ihm wundern? Wenn er ein Urtheil über die Stellung von Lenz abgeben wollte, so hätte er zuvor dessen Untersuchungen, z. B. die über die französische Revolution, studiren sollen. Allein sie sind ihm, wie auch andere seiner Äußerungen beweisen, offenbar unbekannt. Sein Urtheil über D. Schäfer (Deutsche Zeitschr. f. Geschichtsw., a. a. O. S. 69) wird durch die Worte desselben, die er selbst mittheilt, widerlegt. — Nitzsch konstatirt in seiner Deutschen Geschichte (1, 4), daß die Bedeutung der Persönlichkeit im 19. Jahrhundert weniger geschätzt werde. Er will nicht seine Ansicht über ihre Stellung zum Ausdruck bringen, sondern den Stand der Ansichten andeuten. Nitzsch sollte doch Lamprecht nicht unbekannt sein.

großen Zahl der Darstellungen auch systematische Erörterungen der Probleme der Geschichtswissenschaft. Diese widerlegen seine Behauptungen von Grund aus. Lamprecht findet sich mit ihnen freilich auf seine Weise ab. Wie er sich zu Droysen stellt, haben wir schon gesehen. Bernheim sucht er dadurch beiseite zu schaffen, daß er ihn als einen relativen Reformator hinstellt, während derselbe thatsächlich nur den gegenwärtigen Stand der Forschung und geschichtlichen Auffassung wiedergeben will. Gänzlich unbekannt scheint Lamprecht die programmatische Einleitung in Eduard Meyer's Geschichte des Altertums (Bd. 1) zu sein. Und doch hätte er sich aus dieser, die erfreulicher Weise nicht bloß von Vertretern der klassischen Altertumswissenschaft gelesen worden ist, sehr bequem informiren können. Selbstverständlich betont Meyer — ebenso wie Ranke und überhaupt so ziemlich jeder normale deutsche Historiker — das Moment der Freiheit; aber er berücksichtigt ebenfalls die Abhängigkeit des Menschen. Von einem einseitigen Individualismus ist da keine Rede. Übrigens hätte Lamprecht aus Meyer's Erörterungen auch in anderer Beziehung entnehmen können, daß seine Lieblingsfragen von der gelehrten Welt schon längst diskutirt worden sind.

Ich könnte nun noch einzelne gelegentliche Aussprüche deutscher Historiker anführen, die Lamprecht's Urtheil widersprechen. So sagt z. B. Erdmannsdörffer[1]): „So wichtig und vieles erklärend die kollektiven Wirkungen von historischen Ständen, von kirchlichen und politischen Parteien, von sozialen Gruppen u. s. f. sein mögen, alles vermögen sie nicht zu erklären, und in den großen Wendungen der Geschicke tritt unberechenbar und vorläufig unerklärbar die autonome Machtwirkung der entscheidenden geschichtlichen Persönlichkeiten herein." Doch die Beweislast fällt Lamprecht zu, der die Behauptung von dem einseitigen Individualismus aufgestellt, aber nichts weniger als begründet hat.

Wie gänzlich falsch Lamprecht sich die Ansichten der von ihm bekämpften Historiker vorstellt oder vorstellen will, dafür ist ein von ihm wiederholt vorgebrachtes Argument charakteristisch. Mit Emphase ruft er aus[2]): „Niemand kann in einem Volke von voller typischer Entwicklung ein Zeitalter der Naturalwirthschaft allein durch seine persönliche Initiative umwandeln in ein Zeitalter der Geldwirtschaft."

---

[1]) Preuß. Jahrbücher 81, 376.
[2]) Jahrb. f. Nat. 68, 885.

Wer hat denn das Gegentheil behauptet? Hat irgend ein „Individualist" eine solche Behauptung aufgestellt? Wir verlangen dringend einen Beweis. Einstweilen bestreiten wir, daß es überhaupt Individualisten in jenem Lamprecht'schen Sinne gibt. Nicht viel besser ist es, wenn er es für notwendig hält, zu versichern, daß „eine geschichtliche Disposition, welche allen Thatsachen des Geschehens gerecht werden und für das Werden jeglicher Art von Entwicklung anwendbar sein soll, niemals von den Thaten einzelner Personen als Marksteinen ausgehen darf[1]." Hat denn irgend jemand, der von dem Zeitalter Friedrich's des Großen sprach, dabei diesen nur als einzelne Person genommen, oder hat er nicht vielmehr zugleich gewisse typische Züge seines Zeitalters in ihm gesehen? Wir haben es eben bei Lamprecht auf Schritt und Tritt mit der Trivialität jener muthigen Männer zu thun, die im tollsten Siegesjubel offene Thüren einrennen.

Von extremem Individualismus dürfte Lamprecht sprechen, wenn jemand behauptet hätte, daß es dem Einzelnen möglich sei, Utopien durchzuführen. Das ist ja aber nie geschehen; es ist von den geschmähten „Individualisten" gerade hervorgehoben worden, daß es eine Grenze des Erreichbaren gibt[2].

---

[1] a. a. O. S. 886.
[2] Ed. Meyer z. B., der im Liter. Centralblatt 1894, Sp. 113 die Bedeutung des Individuums in der Geschichte hervorhebt, unterläßt nicht zu bemerken, daß es sich darum handelt, dasjenige zu erfassen, „was in den gegebenen Verhältnissen erreichbar ist". — In der H. Z. 77, 258 (und sonst noch sehr oft) behauptet Lamprecht, daß von den Vertretern der „älteren Richtungen" neuerdings nur Max Lehmann eine Darstellung der Principien gegeben habe. Das ist wieder echt Lamprecht'sche Polemik. Ist denn Bernheim nicht „neuerdings" erschienen? Freilich, ihn schiebt Lamprecht als relativen Reformator bei Seite! Erörtert denn aber Lorenz nicht Principien? Ist es entschuldbar, daß Lamprecht von Meyer's Darstellung nichts weiß? Finden wir nicht bei Droysen die Hauptsache unserer Ansichten noch heute wieder? — Über die Rede von M. Lehmann, auf die Lamprecht anspielt, ist ebenso wie über eine Lamprecht'sche Gegenrede im „Leipziger Tageblatt" und daraus in der Zeitschr. f. Kulturgesch., Jahrgang 1894, ein Referat erschienen. Ob es zuverlässig ist, muß dahingestellt bleiben. Verschiedenes, was Lehmann betont, ist mit Recht nicht bloß von Historikern, sondern erfreulicherweise oft auch von Nationalökonomen nachdrücklich hervorgehoben worden. Wenn er z. B. bemerkt, daß „Analogien dem Naturforscher erlaubt, dem Historiker verboten sind, weil sie die Überlieferung vergewaltigen", so hat K. Bücher,

3. Lamprecht besitzt unverkennbar philosophische Interessen. Er hat nämlich in Paulsen's „Einleitung in die Philosophie" die Abschnitte über teleologisch-theistische Naturerklärung gelesen. Nur hat er leider nicht oder nicht mit dem gleichen Eifer die beiden folgenden

Bevölkerung von Frankfurt a. M. 1, 589 f., sich ebenfalls gegen den „nicht mehr ungewöhnlichen Weg" der Beweisführung durch die historische Analogie erklärt und bemerkt: „Daß historische Thatsachen nicht durch Analogie eruirt werden können, braucht wohl nicht gesagt zu werden". Indessen, warum sollen wir über Lehmann's Rede streiten? Das Referat ist ohne sein Wissen erschienen, von ihm nie ausdrücklich gebilligt worden; niemand ist also berechtigt, es zur Grundlage der Diskussion zu nehmen. Wir haben ja auch — was freilich Lamprecht unangenehm zu sein scheint — genug andere Programme (von Droysen, Rümelin, Ed. Meyer, Bernheim u. s. w.), über die wir streiten können. Nur auf eine Stelle in Lamprecht's (von ihm approbirter) Gegenrede muß ich hinweisen, weil sie den Ausgangspunkt für seine späteren zahllosen Zukunfts=Artikel, für seine gesammte maßlose Polemik gegen die „Individualisten" bildet. Er sagt: „Wäre Lehmann wirklich, wie es nach seiner Rede den Anschein erwecken könnte, ein extremer Individualist, so" u. s. w. Hier konstatirt er also, daß Lehmann ein extremer Individualist thatsächlich nicht ist. Seine Rede könnte nur „den Anschein erwecken". Wir wollen hinzufügen, daß sie in Wahrheit auch nicht einmal „den Anschein" erweckt. Nirgends behauptet Lehmann, daß es keine Grenze des Erreichbaren für den Einzelnen gibt; nirgends thut er eine Äußerung wie die, die Lamprecht später den „Individualisten" unterschiebt; er läßt vielmehr seine Überzeugung von der Begrenzung der menschlichen Freiheit deutlich genug durchblicken. So steht es also mit dem Fundament der Anklagen, die Lamprecht später erhoben hat! Mitunter könnte der, der ihn nicht kennt, sich veranlaßt fühlen, zu glauben, daß er seine Leser zum besten hält. In der Deutschen Zeitschr. f. Geschichtsw. N. F. 1, 106 konstatirt er, daß „selbst auf individualistischer Seite das Wirken der geschichtlichen Einzelpersönlichkeit schließlich merkwürdig gering angeschlagen" wird. In der modernen Biographie, „wo wir die besondere Betonung des Persönlichen erwarten dürfen, finden wir selbst bei extremen Individualisten trotz allem eine weitgehende Betonung des Milieus" u. s. w. Man sieht: Lamprecht weiß sehr gut, daß auch die von ihm angegriffenen „extremen Individualisten" das Milieu nicht etwa ignoriren, sondern „weitgehend betonen". „Merkwürdig" kann es ihm nur sein, weil er den Charakter der „extremen Individualisten" a priori frei erfunden hat; hinterher sieht er zu seiner Überraschung, daß sein Phantasiebild nicht stimmt. Aber er revozirt nun nicht etwa, sondern hält seine aprioristische Konstruktion aufrecht! Als Kuriosum sei noch erwähnt, daß Lamprecht (Zukunft 17, 255) erklärt, der (individualistische) Standpunkt Lehmann's „führe

Abschnitte, in denen über die Lehre von der Entwicklung gesprochen wird, studirt. So ist es ihm entgangen, daß im 19. Jahrhundert die teleologische Erklärung durchaus nicht mehr die herrschende ist. Daher seine endlosen Deklamationen gegen die Thorheit der Teleologie bei der Ranke'schen Schule. Daher seine horrende Behauptung, daß Ranke die Theorie vom Staatsvertrag vertritt. Aus den gangbarsten Lehrbüchern, wie eben aus Paulsen, hätte er sich von seinem Irrthum überzeugen können. Scherer (S. 630) stellt die Historiker des 18. und die des 19. Jahrhunderts in folgender Weise gegenüber: „Jene forschten zwar nach den Ursachen der Ereignisse, fanden sie aber nur in den handelnden Individuen und schrieben ihnen Absichten und Pläne aus ihrem eigenen kleinen Vorstellungskreise zu; diese wollten den verschiedenartigsten Personen und Zeiten gerecht werden und deren eigenthümliches Seelenleben verstehen." Und von Ranke sagt Lorenz (2, 67): „Es ist der größte, der muthigste, der erhabenste Gedanke, daß die Geschichtswissenschaft den Zusammenhang der Dinge im

politisch, konsequent durchgedacht, zum Anarchismus". Leider sind seine Auslassungen über die bisherige deutsche Historiographie von dem Philosophen P. Barth in dessen Buche „Die Philosophie der Geschichte als Soziologie" Bd. 1 (Leipzig 1897) vollkommen ernst genommen und auch geglaubt worden. Dieser zeigt also dieselbe Unkenntnis unserer Geschichtschreiber wie Lamprecht. Auch er stützt sich in den betreffenden Abschnitten ganz auf den angeblichen Inhalt von Lehmann's Rede. Es ist sehr amüsant, zu sehen, wie S. 201 ff. die „erzählende" Geschichtschreibung (nach Art des Herodot) und M. Lehmann zusammengestellt werden. Savigny, überhaupt die historische Rechtsschule, die romantische Schule, von Neueren Merkel, Schmoller, Ed. Meyer, Hinneberg, Buchholz, werden gar nicht erwähnt, Sybel nur als Herausgeber seiner Zeitschrift, Droysen ganz ungenügend. Ranke's Ideen werden nach Lamprecht's Rezept dargestellt. Lorenz wird wohl citirt, aber nicht gewürdigt. Wie kann nur ein Philosoph bei Lamprecht in die Schule gehen! Muß er nicht schon durch die Abwesenheit aller Logik bei Lamprecht abgestoßen werden? Lamprecht freilich ist über Barth auf's höchste entzückt. Er nennt es ein „prächtiges" Buch (Zukunft, 31. Juli 1897) und hat mindestens fünf Mal folgendes Urtheil von Barth (S. 216) drucken lassen: „Lamprecht's Ansicht hat so sehr die Kraft der Wahrheit für sich, daß ihre Gegner kaum noch sich zu vertheidigen vermögen, dagegen Annäherungen an sie sich unwillkürlich aufdrängen." Mit diesen angeblichen „Annäherungen" verhält es sich so, daß die Kritik oft darauf aufmerksam gemacht hat, daß Dinge, die Lamprecht als seine neue Entdeckung reklamirt, längst Eigenthum der deutschen Wissenschaft sind.

Großen und Ganzen begreifen soll und kann, daß sie sich mit voller Sicherheit in der Erkenntnis des wirklich Geschehenen hoch über jede bloße Aneinanderhäufung von Thatsachen emporhebt und dabei doch die elenden Krücken des eingebildeten Zweckbegriffs hinwegwirft — das teleologische Princip ein für allemal entbehrlich macht."

Schmoller[1]) hat schon dagegen protestirt, daß Lamprecht Ranke als nach teleologischer Methode verfahrend bezeichne; Ranke's Art nenne alle Welt psychologische Erklärung; und diese virtuos gehandhabt zu haben, ein Menschenkenner ersten Ranges gewesen zu sein, sei nicht bloß ein Ruhmestitel Ranke's, sondern er gehöre damit auch in die Reihe der kausal erklärenden Historiker.

Es war wirklich ein starkes Stück, Ranke die Methode der psychologischen Erklärung abzusprechen, und Schmoller's Protest ist nur zu berechtigt. Wenn wir etwas an seiner Kritik auszusetzen haben, so ist es, daß er, wie auch einige andere Kritiker, Lamprecht noch zu ernst nimmt. Lamprecht kann erst dann völlig verstanden werden, wenn man seine Auslassungen als Produkte unfreiwilliger Komik betrachtet. Man muß ihm die Ungeheuerlichkeit zutrauen, im 19. das 18. Jahrhundert zu sehen.

Ist es der Mühe werth, noch weiter auf seine Elaborate einzugehen? Wenn wir es thun, so geschieht es um seiner Gemeinde willen. Wir können uns aber fortan kürzer fassen; wir haben ja jetzt den Schlüssel zu den Räthseln seines Systems.

Lamprecht's endlose Deklamationen gegen die Teleologie sind nicht bloß deshalb unberechtigt, weil in der deutschen Geschichtschreibung keineswegs ein Zuviel von teleologischer Erklärung existirt, sondern auch deshalb, weil er selbst zugestehen muß, daß auch er, auch einer, der auf sehr „modernem" Standpunkt steht, ganz ohne Teleologie nicht auskommt[2]).

---

[1]) Sitzungsberichte der historischen Gesellschaft zu Berlin, über die Sitzung vom 8. Juni 1896. Vgl. auch Schmoller's Bemerkungen in dem Bericht über den Historikertag zu Innsbruck vom 11. bis 14. September 1896 (Leipzig 1897) S. 42 ff. Während Lamprecht sonst in Erwiderungen unerschöpflich ist, hat er Schmoller's Kritik unberücksichtigt gelassen.

[2]) Vgl. L. Stein, a. a. O. S. 41 Anm. 1. Siehe ferner Keller, Kritische Vierteljahrsschrift 1897, S. 499. Hier sei auch daran erinnert, daß Lamprecht (Deutsche Gesch. 1, 140) diejenige Auffassung von den Landtheilungen der Germanen vertritt, die Knapp (Grundherrschaft und Rittergut S. 108) als „rationalistisch" (d. h. eminent teleologisch-rationalistisch) verwirft.

Ähnlich verhält es sich mit seinen unaufhörlichen Protesten gegen den „Dualismus". Er redet ja selbst einer dualistischen Geschichtsauffassung das Wort[1]).

Dies führt uns zu einigen Bemerkungen allgemeiner Natur. Wir haben gesehen, daß das Princip der Entwicklung keineswegs, wie Lamprecht sich einbildet, bisher den Historikern unbekannt gewesen ist. Allein sie sind auch nicht — wie Lamprecht — bei demselben stehen geblieben. Es erhebt sich die Frage: liefert uns die Entwicklungstheorie die Lösung aller Welträthsel? Hat die historische Rechtsschule die Wahrheit völlig erschöpft? Die deutsche Geschichtschreibung hat darauf in der Praxis fast übereinstimmend eine Antwort gegeben, die ein Philosoph kürzlich in folgenden Worten formuliert hat[2]): „Die geschichtliche Entwicklung und Wandlung der sittlichen Ideale und Werthurtheile ist mit der Annahme einer überempirischen, metaphysischen Natur des Sittlichen keineswegs unvereinbar. Man kann ganz wohl der Welt in ihrem Kern und Sinn moralischen Charakter zuerkennen und Gut und Böse für metaphysische Kategorien halten und dennoch die sittlichen Werthe dem geschichtlichen Werden unterwerfen." Die deutsche Geschichtschreibung hat den berechtigten Kern des Entwicklungsgedankens sich früh angeeignet, ist aber nie in die Einseitigkeiten der reinen Entwicklungstheoretiker verfallen, wie sie sich auch bei allem Entgegenkommen, das sie den Anregungen der Romantik bewies, von deren Einseitigkeiten und Verkehrtheiten stets fern gehalten hat.

Lamprecht dagegen ist hier, um einen seiner Lieblingsausdrücke zu gebrauchen, stark „rückständig". Man stelle sich einen Studenten in jungen Semestern vor, der zum ersten Male von dem Entwicklungsgedanken etwas vernimmt: er wird davon berauscht und glaubt nun alles damit erklären zu können. So ungefähr auch Lamprecht. Mehrere Jahre lang hatte er für jeden, der nicht unbeschränkt für „Entwicklung" schwärmte, nur ein Lächeln. Und was ist das Ende vom Liede? Lamprecht bekennt sich zu der Einschränkung der Entwicklungstheorie, die der gut katholische Gutberlet, Professor am Priesterseminar zu Fulda, macht[3]). Tant de bruit —! Das ist eben der

---

[1] Vgl. Eulenburg, Deutsche Literaturztg. 1897, Sp. 1864.
[2] Volkelt, a. a. O. S. 15.
[3] Zukunft, 31. Juli 1897, S. 208. In den „Monatsblättern" 1, 275 hatte Lamprecht noch behauptet: „Das höhere Gebiet vorurtheilsloser genetischer Betrachtungsweise ist ... jedem wahrhaft klerikalen Historiker naturgemäß verschlossen."

Fluch seiner schnellfertigen Art, daß er voreilig allerlei behauptet, ohne die Schwierigkeiten zu berücksichtigen, in die er dadurch gerät. Dies zeigt sich auch in dem, was er als sein hervorragendstes geistiges Eigenthum ansieht, in der Art, wie er das Problem des Widerstreits von Freiheit und Nothwendigkeit im geschichtlichen Verlauf lösen will. Lamprecht macht einen scharfen Unterschied zwischen dem Gebiet des individuellen Handelns der eminenten Persönlichkeiten, dem Gebiet des Singulären, auf dem die Freiheit, und dem Gebiet des kollektivistischen Geschehens, dem Gebiet des Generellen, auf dem die Nothwendigkeit herrscht. Er stellt so die „individualpsychischen" und „sozialpsychischen" Kräfte schroff einander gegenüber. Er sucht dann nachzuweisen, daß die letzteren viel stärker als die ersteren sind, daß „die großen sozialpsychischen Kräfte schließlich die individualen beherrschen." Ihr Übergewicht ist so bedeutend, die Freiheit des Individuums so gering, daß die „Frage nach der Möglichkeit gesetzmäßiger Entwicklungsstufen der Kulturen" bejaht werden muß[1]).

Die Lösung des Problems durch die Herstellung gesonderter Gebiete, auf denen hier die Freiheit, dort die Nothwendigkeit herrscht, ist nun zunächst nicht neu[2]). Sie ist aber vor allem auch nicht richtig[3]). Es kann kein Zweifel bestehen, daß es sich dabei nicht sowohl um eine wissenschaftliche Lösung, als vielmehr um den Versuch eines Kunststücks handelt. Daß Lamprecht's Versuch völlig verunglückt ist, haben bereits Meinecke (H. Z. 77, 262 ff.), Hintze (ebenda 78, 60 ff.), am eingehendsten Rachfahl (Jahrb. f. Nat. 68, 659 ff.) zur Genüge dargethan. „Lamprecht's Auffassung, welche die geschichtliche Menschheit in zwei Theile zerreißt, eine kleine aristokratische Elite und die große dumpfe Masse, die sich blind von den „generischen" Motiven leiten läßt, ist unpsychologisch" (Meinecke). Wir brauchen uns hier mit Lamprecht's allgemeiner Theorie[4]) nicht lange aufzuhalten, da sie erstens eben schon gründlich genug widerlegt worden ist und zweitens

---

[1]) Am übersichtlichsten jetzt Lamprecht diese seine Ansichten in der Zukunft 18, 23 ff. auseinander.

[2]) Über den Versuch F. Schlegel's vgl. Dilthey, Schleiermacher 1, 487.

[3]) Man kann Lamprecht's Theorie auch schon durch die Bemerkungen Rümelin's, Reden und Aufsätze, N. F., S. 127, als widerlegt ansehen.

[4]) Bekanntlich ist der Begriff des Sozialpsychischen schwierig zu bestimmen. Vgl. darüber Volkelt a. a. O., mit dem sich Lamprecht auseinandersetzen sollte. Hartmann (Nation, 26. Sept. 1896, S. 786) stimmt mit Lamprecht (Jahrb. f. Nat. 68, 887—9) nicht überein.

die Prüfung der Konsequenzen, die er daraus zieht, uns ein Urtheil über ihre praktische Brauchbarkeit für den Historiker liefern wird.

Lamprecht thut sich sehr viel darauf zu gut, daß er keineswegs die Bedeutung der Persönlichkeit unterschätze. Neben dem Handeln der Massen und Nationen gebe es auch das Walten eminenter Persönlichkeiten. Daher habe in der Wissenschaft sowohl eine „individualistische" wie eine „kollektivistische" Geschichtsauffassung ihre Berechtigung. Die Geschichtsauffassung — ruft er aus — „muß beide Elemente verschmelzen, indem sie den gesammten Komplex historischen Lebens umfaßt; sie muß universalistisch sein" (Zukunft, 31. Juli 1897). Die Prägung des Wortes universalistisch (das er gesperrt druckt) hat ihm offenbar sehr imponirt. Es geht eben nichts über ein Fremdwort. Wenn nun Lamprecht's Geschichtsauffassung wirklich jenen Charakter hätte, so würde sie sich (abgesehen von jener wunderlichen Art der Theilung der Gewalten) von der bisherigen Auffassung nicht unterscheiden; denn diese hat ja stets sowohl Freiheit wie Nothwendigkeit betont. Allein wir haben es hier offenbar nur mit dem Bestreben Lamprecht's zu thun, nach Möglichkeit den allseitigen darzustellen, der dem guten Kern aller Bestrebungen gerecht wird, was dann freilich nur auf einen Eklektizismus hinauskommt. Er ist eine Proteusnatur; er will allen Alles sein; alles soll in seinem System Aufnahme finden — wenigstens dem Worte nach. Erhebliche praktische Bedeutung hat jedenfalls die Freiheit, die er dem Individuum noch zugesteht, nicht. Denn sie hindert, wie bemerkt, nach seiner Meinung einen gesetzmäßigen Verlauf der Entwicklung nicht, und das eben ist das Entscheidende.

Höchst charakteristisch ist nun die Art, wie er nachweist, daß „das kollektivistische Element" das unvergleichlich mächtigere ist, als „das individualistische". In der Hauptsache begegnet da nur wieder das elende Argument von der Umwandlung der Naturalwirthschaft (s. oben S. 220). Lamprecht ist klug genug, seine Behauptung vorsichtig zu verklausuliren. Vgl. namentlich die Einschränkung: „in einem Volke von voller typischer Entwicklung". Denn er wird sich selbst sagen, daß sehr viel durch einen Einzelnen in Bezug auf die wirthschaftliche Entwicklung doch gethan werden kann. Die übrigen Argumente variiren nur jenes. Da werden wir belehrt: „Karl d. Gr. hätte in seinem naturalwirthschaftlichen Zeitalter keine Geldwirthschaft aus dem Boden stampfen, Bismarck uns nicht in ein Hirtenleben zurückführen, der Maler des Gottschalkevangeliars nicht in der zeichnerischen

Weise des 16. Jahrhunderts malen können" (Zukunft 18, 28). Eine wesentliche Eigenschaft des großen Staatsmannes sei es, „daß er die Durchführung des sozialpsychisch Unmöglichen zu vermeiden wisse" (ebenda). Auf wen soll dieser Windmühlenkampf Eindruck machen? Lamprecht gesteht durch die Auswahl seiner Argumente indirekt selbst zu, daß ihm thatsächlich ein lebhaftes Bewußtsein von der Bedeutung der Persönlichkeit innewohnt; er will es nur, um seine „Gesetze" konstruiren zu können, nicht wahr haben. Nur Janssen'sche Manier ist es, wenn er sich darauf beruft, daß Bismarck in seinen Reden öfters gesagt habe, sein Einfluß auf die Gestaltung der Dinge sei gering (Zukunft, 31. Juli 1897). Das ist das berühmte Princip: „die Quellen reden lassen". Welcher kritische Historiker wird sich denn bei solchen Aussprüchen beruhigen? Man weiß, wie oft ein Staatsmann Veranlassung hat, einem Parlament, einer Partei gegenüber zu betonen, daß er das, was sie verlangt, nicht thun könne. Was Bismarck in der geschichtlichen Entwicklung bedeutet, beurtheilen wir nicht nach einzelnen seiner Worte, sondern wir sehen uns den ganzen Mann und alle seine Thaten an. Übrigens sind mehrere der von Lamprecht angeführten Aussprüche Bismarck's so gehalten, daß sie schließlich von jedem unterschrieben werden können. Die ganze Verkehrtheit dieser Beweisführung hängt wiederum mit jener unglücklichen Theilung der beiden Gebiete zusammen. Dadurch gelangt Lamprecht zu einer ganz falschen Fragestellung. Er glaubt nur fragen zu müssen, ob ein Einzelner stärker sei als die Umwelt, oder, wie er sich wunderlich ausdrückt, „die mächtigsten zuständlichen sozialpsychischen Erscheinungen." Darum handelt es sich natürlich gar nicht. Die Frage lautet vielmehr: sind alle einzelnen Menschen so gebunden, daß sich ein naturgesetzlicher Gang der Entwicklung voraussehen läßt? Nicht bloß die eine „eminente" Persönlichkeit hat auf die Entwicklung Einfluß, sondern jeder an seinem Theile[1]).

Der Kuriosität wegen fügen wir hinzu, daß Lamprecht jene Beweisführung „den Weg möglichst intensiver geschichtlicher Erfahrung" nennt. Als den „Empiriker" gibt er sich stets und überall. Er meint, gegenüber der nach seiner Ansicht noch in der Geschichtschreibung

---

[1]) Die Art, wie Barth, a. a. O. S. 216 ff, die „individualistische" Geschichtsauffassung bekämpft, wird ihm und Lamprecht wenig Anhänger gewinnen. Interessant ist es, daß er sich veranlaßt sieht, mehr für als gegen die Bedeutung der Persönlichkeit im geschichtlichen Verlauf zu sprechen.

herrschenden philosophischen Spekulation die empirische Auffassung begründen zu müssen. Er weiß wiederum nicht, daß diese Arbeit längst gethan, daß Ranke der große Empiriker ist, der die Herrschaft der Spekulation gebrochen hat.

Thatsächlich besteht seine ganze Empirie in der Behauptung, daß die Arbeit des Historikers von seiner Weltanschauung unabhängig sei, resp. sein könne[1]). Dies aber ist eine These, welche allen Resultaten der empirischen Forschung direkt widerstreitet[2]). Sie ist echt „rückständig". „Alle Geschichtschreibung" — bemerkt Ed. Meyer (S. 19) — „ist nothwendig subjektiv.... Nur aus einem in der Gegenwart möglichen Ideenkreise können die Gesichtspunkte genommen werden, welche der Darstellung zu Grunde liegen. Unsere kritische Zeit unter=

---

[1]) Vgl. die Erörterung mit Meinecke, H. Z. 77, 257 ff.

[2]) Da Lamprecht überall unbestimmt ist, so setze ich mich hier mit den präziseren Ausführungen L. M. Hartmann's (Nation, a. a. O.) auseinander: „Ich behaupte, daß gerade wir Historiker im Stande und verpflichtet sind, uns eine Weltanschauung zu bilden, .. daß sich uns dieselbe aber nicht aus irgend welchen transcendentalen Annahmen, sondern aus der Induktion zu ergeben hat, welche wir aus den mannigfachen Entwicklungen der Menschheitsgeschichte ziehen. Ich muß es aber als unwissenschaftlich bezeichnen, wenn diese Weltanschauung nicht das Produkt exakter Forschung, sondern eines Glaubens ist, dessen Berechtigung ein armer Empiriker, der dessen Wurzeln nicht kennt, allerdings nicht begreifen kann." Es ist zweifellos das Ziel der historischen Forschung, nach Möglichkeit aus den mannigfachen Ent= wicklungen der Menschheitsgeschichte eine Anschauung zu gewinnen, und zwar in ernster Bemühung, von allen allgemeinen Voraussetzungen sich thunlichst frei zu halten. Ich werde später Gelegenheit haben, mit aller Bestimmtheit für die Unabhängigkeit der historischen Methode einzutreten. Allein der Historiker hat sich auch die Grenzen des historischen Erkennens gegenwärtig zu halten. So sehr er danach strebt, von allen vorgefaßten Meinungen bei der Beurtheilung der historischen Dinge frei zu sein, so sehr bedarf er des Bewußtseins, daß es vollkommene Voraussetzungslosigkeit in historischen Dingen nicht gibt. Überdies lehrt die Erfahrung, daß die Anregungen, die die Geschichtsforschung von außen her erhalten hat, oft nicht die schlechtesten gewesen sind. Wer sich aber des Bewußtseins unserer Abhängigkeit von all= gemeinen Voraussetzungen entschlagen zu können meint, der wird leicht der Versuchung erliegen, dies und das für ein historisches Faktum zu halten, was thatsächlich nur sein subjektiver Eindruck ist. Und vielleicht erklärt sich hier= aus mit die Phantastik der Konstruktionen, die den Arbeiten Lamprecht's eigen ist; nicht bloß daraus, denn es kommt im geschichtlichen Verlauf sehr viel auch auf die Persönlichkeit an!

scheidet sich nur dadurch von früheren Epochen, daß ihr diese Abhängigkeit klarer bewußt ist; aber voraussetzungslos kann kein Historiker sein." In Übereinstimmung damit hebt Meinecke (H. Z. 80, 277) als einen Fortschritt unserer Zeit die Erkenntnis hervor, „daß auch auf einem Gebiete mit denkbar reichstem und bestem Quellenstoff subjektive Ansichten und Werthurtheile jede allgemeinere, zusammenhängende Auffassung auf's tiefste beeinflussen."

Gehen wir auf die Einzelheiten des Lamprecht'schen Systemes ein, so entpuppen sich überall seine Sätze, die er als Resultate empirischer Beobachtung ausgibt, als metaphysische Spekulationen[1]). Wir haben Beispiele bereits kennen gelernt und werden weitere kennen lernen. Mit einer Art von Cynismus aber haben wir es offenbar schon zu thun, wenn dieser angebliche reine Empiriker seine vollkommene Gleichgiltigkeit gegen das Detail der Thatsachen offen ausspricht, wenn er einen langen Zeitraum der politischen Geschichte, über den er sich nur höchst oberflächlich informirt hat, von oben herab als bloß „accessorisch" erklärt[2]), wenn er alle „Detailkritik" als „ebenso unlogisch wie unredlich" bezeichnet, nur die Kritiker gelten lassen will, die die „allgemeinen Zusammenhänge" seines Buches prüfen und „ihre eigenen principiellen Anschauungen systematisch vorlegen". Nie ist ein größerer Gegensatz zwischen theoretischem und praktischem Empirismus vorhanden gewesen als bei Lamprecht. Niemand hat den Empirismus mehr diskreditirt als er.

Geradezu als ein Hohn auf die geschichtliche Empirie stellt sich denn auch seine Theorie von der gesetzmäßigen Entwicklung dar, zu der wir uns nunmehr wenden.

IV.

Die Ansicht von dem gesetzmäßigen Verlauf der geschichtlichen Entwicklung ist von verschiedenen Seiten aufgestellt worden. Naturforscher, Philosophen, Nationalökonomen[3]), Juristen, theilweise auch

---

[1]) Vgl. hierzu namentlich Rachfahl.

[2]) Lamprecht, Zwei Streitschriften S. 32 ff.; Zukunft, 31. Juli 1897, S. 199; Oncken S. 39 ff. Vgl. auch die geringschätzige Art, mit der sich Lamprecht über die unmittelbaren Aussagen der Quellen äußert (Zwei Streitschriften S. 41 ff.).

[3]) Unter den deutschen Nationalökonomen wird wohl die Zahl der Gegner der Annahme einer gesetzmäßigen Entwicklung größer sein als die der

Theologen, haben von geschichtlichen Gesetzen gesprochen. Dagegen haben die Historiker sich fast ausnahmslos gegen eine solche Annahme ablehnend verhalten. Und zwar sind aus ihren Kreisen um so leb=
haftere Proteste gegen die Annahme eines gesetzmäßigen Verlaufs erfolgt, je größere Fortschritte die historische Methode gemacht hat, je intimer die Kenntnis wurde, die man von dem historischen Stoff gewann, je mehr man in das Wesen der Dinge eindrang. Es hat wohl jemand, der von philosophischen Studien herkam, oder jemand, der noch in den Vorbereitungen zur historischen Darstellung stand, eine gesetzmäßige Entwicklung behauptet. Allein niemand, der schon einige Jahre geschichtswissenschaftlicher Arbeit hinter sich hatte, hat darin eingestimmt; wenigstens von Deutschland gilt dies[1]). Die einzige Ausnahme macht wohl Lamprecht.

Vertheidiger. Gerade ein Nationalökonom hat wohl in der glänzendsten Weise jene Theorie widerlegt: Rümelin, Reden und Aufsätze (1875) S. 1 ff.; Reden und Aufsätze N. F. (1881) S. 118 ff. — In der Zukunft, 5. März 1898, S. 453 sagt M. Harden: „Ich bewundere in ihm (Lamprecht) den Mann, der, nach Taine und neben Schmoller, die Lehren des ökonomischen Determinismus und das Gesetz der Kausalität in der allzulange von individualistischen und teleologischen (vgl. oben S. 224 Anm. 1) Epigonen Ranke's einseitig beeinflußten deutschen Geschichtschreibung zur Geltung ge=
bracht hat." Schmoller sagt (Handwört. d. Staatsw. 6, 558 ff.): „Man hängt durch das Mäntelchen des ‚Gesetzes' Behauptungen einen Schein der Nothwendigkeit um, den sie nicht besitzen, oder gibt niedriger stehenden Wahr=
heiten den Rang höherer und täuscht dadurch denjenigen, der sie weiter an=
wendet... Man hat überhaupt gezweifelt, ob es nicht richtig sei, auf dem Boden des volkswirtschaftlichen und staatswirtschaftlichen Geschehens, noch mehr auf dem der historischen Ereignisse, den Begriff des Gesetzes, wie ihn die Naturwissenschaften formulirt haben, ganz fallen zu lassen. Und das ist jedenfalls richtig... Das, was man etwas voreilig Gesetze der Geschichte genannt hat, waren entweder derartige, oft sehr zweifelhafte Generalisationen, oder es waren einfache, uralte psychologische Wahrheiten, aus denen man glaubte, große Reihen des geschichtlichen Geschehens erklären zu können. Und daher ist der Zweifel ein so berechtigter, ob wir heute schon von historischen Gesetzen sprechen können und sollen."

[1]) Im Auslande ist die Neigung, eine gesetzmäßige Entwicklung anzu=
nehmen, auch bei manchem bewährten Historker vorhanden. Aber bemerkens=
werth ist es doch, daß Taine, der Hauptvertreter der Lehre vom Milieu, nicht von Haus aus Historiker ist, sondern Philosoph. Er faßt die Geschichte immer vom Standpunkt des — überdies naturwissenschaftlichen — Psychologen auf. Dies ist jedoch keine reine historische Betrachtung.

Es kommt noch etwas weiteres hinzu. Auch innerhalb der systematischen Fächer scheint sich mehr und mehr die Überzeugung Bahn zu brechen, daß sich historische Gesetze nicht nachweisen lassen. Auch aus den Wissenschaften, deren Vertreter uns sonst oft über den naturgesetzlichen Verlauf der menschlichen Dinge aufklären wollten, erheben sich jetzt in steigender Zahl Stimmen im entgegengesetzten Sinne. Der Nationalökonom Diehl[1]) erklärt: „Es gibt keine sozialen Naturgesetze; denn die sozialen Erscheinungen sind dem Willen der Menschen unterworfen; daher kann von naturgesetzlicher Regelmäßigkeit keine Rede sein. So einseitig es ist, alle geschichtlichen Ereignisse auf die Willkür einzelner Persönlichkeiten zurückzuführen, so einseitig ist es, sie einer unbedingten, naturgesetzlichen, vorausbestimmbaren Macht, die sozialen Gruppen, Völkern, Staaten, Ständen u. s. f. innewohne, zuzuschreiben." Der Staatsrechtslehrer Bernatzik[2]) spottet über den „raschen Verbrauch von ‚Naturgesetzen‘ seitens der Soziologen" und bemerkt ironisch (hinsichtlich der Theorien über die Entwicklung der Ehe): „Das alte ‚Naturgesetz‘ wird allem Anscheine nach bald entfernt und durch ein neues (fin de siècle) ersetzt sein, welches gerade das Gegentheil von dem aussagt, was das alte bisher uns zu glauben vorgestellt hatte." Aber auch der Soziologe und Philosoph Simmel[3]) weist die Konstruktionen seiner Fachgenossen zurück: „Es ist wohl heute kein Zweifel mehr, daß ‚Gesetze der Geschichte‘ nicht auffindbar sind; denn die Geschichte ist einerseits in sich ein so ungeheuer komplexes Gebilde, andrerseits ein so unsicher und subjektiv begrenzter Ausschnitt aus dem kosmischen Geschehen, daß es keine einheitliche Formel für ihre Entwicklung als Ganzes geben kann."

In der That vollzieht sich der „Verbrauch von Naturgesetzen" sehr rasch. Gerade die letzten Jahre zeichnen sich durch eine gewaltige Erschütterung des Glaubens an Gesetze und Entwicklungsstufen, der lange felsenfest zu stehen schien, aus. Wie viele schwören heute noch auf das einst allgemein geglaubte Dogma von den drei wirthschaftlichen Entwicklungsstufen der Jagd, Viehzucht und Bodenbestellung, die überall in dieser Reihenfolge aufeinander gefolgt seien? Diese Lehre gehört nach dem Urtheil eines modernen Ethno-

---

[1]) Jahrb. f. Nat. 62, 765.
[2]) Schmoller's Jahrbuch 1894, S. 645.
[3]) a. a. O. S. 1307. Vgl. auch Simmel's ältere Schrift: „Probleme der Geschichtsphilosophie" (1892) und dazu Meinecke, H. Z. 72, 71 ff.

graphen[1]) „zu denjenigen Dingen, die ihr Fortbestehen mehr der Gedankenlosigkeit als der inneren Überzeugung verdanken." Und wie steht es mit der früher mit so großer Sicherheit verkündigten Theorie, daß „überall" das Gemeineigenthum am Ackerlande mit periodischer Vertheilung desselben ein Durchgangsstadium gebildet habe?[2]) Sollen wir ferner an die Theorien von der Entwicklung der Eheformen erinnern? Heute hat man erkannt, daß die eine Zeit lang sehr beliebten Theorien von „den bei allen Völkern nachweisbaren Durchgangsstadien" mit viel Phantasie und wenig Kritik fabrizirt worden sind[3]).

Andrerseits sind die Stimmen aus jenen Lagern, welche einen gesetzmäßigen Verlauf behaupten, freilich noch keineswegs verstummt. Gumplowicz, der Zola der Soziologen, wie man ihn genannt hat, poltert noch sehr eifrig für jene Theorie, und er nicht allein. Wer in dem Zolaismus nicht bloß eine vorübergehende Bewegung, sondern die Kunst und die Wissenschaft der Zukunft sieht, der wird auch ferner für historische Gesetze schwärmen.

Wie sollen wir nun Lamprecht's Stellung auffassen? Er selbst ist nicht im Zweifel darüber (Zukunft, 31. Juli 1897, S. 204), daß er der Mann des Fortschritts, der Repräsentant der Zukunft, daß der Satz von der gesetzmäßigen Entwicklung „der Fundamentalsatz der neuen Geschichtsauffassung" ist, daß er mit der Aufstellung dieses Satzes eine „Revolution" der Geschichtswissenschaft vollzieht.

---

[1]) Bierkandt, H. Z. 80, 95 (in der Anzeige von Ed. Hahn's „Hausthiere"). Vgl. E. v. Schwind, Mitth. des Instituts 1897, S. 373: „Auf dem Gebiete des deutschen Vermögensrechts führt eine sorgfältige Untersuchung mehr als einmal zu dem Ergebnisse, daß manche der als absolut hingenommenen Formen, jener „Typen einheitlicher Rechtsentwicklung", mit denen man gerne wie mit etwas selbstverständlichem rechnet, doch jenes absoluten Charakters entbehren."

[2]) Über den gegenwärtigen Stand der Forschung s. meinen Artikel „Feldgemeinschaft" im Wörterbuch der Volkswirthschaft Bd. 1. — Lamprecht's Darstellung (Deutsche Gesch. 1, 86) läßt gar nicht erkennen, auf wie unsicherer Grundlage der Glaube an „die allgemeinsten, fast gleichmäßig bei allen Völkern wiederkehrenden Umrisse der Entwicklung" ruht.

[3]) Lamprecht gehört auch zu denen, die damals die Orgien der Mutterrechtstheorie feierten. Er übertrifft durch sein unmethodisches Verfahren noch die meisten andern Vertreter derselben. Gegen ihn ganz besonders hat sich die Kritik B. Delbrück's gerichtet. H. Z. 71, 463 ff. 489 ff. Vgl. auch meinen Art. „Familie" im Wörterbuch der Volkswirthschaft 1, 684 ff.

Nach dem eben Gesagten scheint es sich doch anders zu verhalten: er scheint, wenigstens unter den Historikern, isolirt zu stehen und stark „rückständig" zu sein. Nicht die Empirie bringt die Vorliebe für historische Gesetze hervor, sondern ein Erbstück aus dem philosophischen Zeitalter ist die Neigung, um jeden Preis Entwicklungsstufen zu konstruiren und sie mit schnell fertigen Namen zu belegen. Gerade deshalb wird man veranlaßt, die Frage aufzuwerfen, ob Lamprecht wirklich zu den Historikern im strengen wissenschaftlichen Sinne gerechnet werden darf — eine Frage, die, wenn man sich seine ganze wissenschaftliche Art vergegenwärtigt, keineswegs unbedingt bejaht werden wird. Buckle rechnet man auch nicht im strengen Sinne zu den Geschichtsforschern, und er war doch erheblich gelehrter, zuverlässiger und selbständiger als Lamprecht. Sollte es sich aus dem dargelegten Umstande erklären, daß Lamprecht Ansichten vertritt, die von der deutschen Geschichtswissenschaft nicht getheilt werden? Im formellen Sinne ist er ja allerdings Historiker, und das Ereigniß, daß ein deutscher Geschichtsprofessor die naturwissenschaftliche Auffassung auf die Geschichte übertragen will, hat es wohl hauptsächlich bewirkt, daß man von seinen „methodologischen" Auslassungen so viel Aufhebens gemacht hat[1]).

Wir sind gegen die Annahme historischer Gesetze aus dem einfachen Grunde, weil sie nicht nachweisbar sind[2]). Wir halten es mit Harnack (Christenthum und Geschichte S. 7): „Nur in der Verblendung kann man behaupten, daß, weil alle Geschichte Entwicklungsgeschichte ist, sie als Prozeß naturhaften Geschehens dargestellt werden müsse und könne. Die Versuche, die in dieser Richtung gemacht

---

[1]) Es ist eine bekannte Erscheinung — ist es auch ein „Gesetz"? —, daß die Vertreter einer bestimmten wissenschaftlichen Richtung oft diejenigen, die ihren Standpunkt theilen oder gar vertheidigen, auch dann schützen oder wenigstens nicht kritisiren zu müssen glauben, wenn sie den Pfad der wissenschaftlichen Erörterung durchaus verlassen. Daraus erklärt es sich wohl, daß aus den wissenschaftlichen Kreisen, deren Anschauungen Lamprecht nahe steht, bisher noch kein Protest gegen seine unwissenschaftliche, ihr System im Grunde doch nur diskreditirende Art erfolgt ist.

[2]) Historiker haben sich oft ausdrücklich gegen die Annahme historischer Gesetze ausgesprochen, z. B. Bernheim (Lehrbuch der historischen Methode; daselbst weitere Literatur), Lorenz, neuerdings, im Zusammenhang mit der an Lamprecht's Auslassungen geübten Kritik, Meinecke, Hintze, Rachfahl (z. B. S. 666).

worden sind und noch gemacht werden, tragen bisher ihre Widerlegung in sich selber[1])." Dabei nehmen wir den denkbar unbefangensten Standpunkt ein: wir machen immer wieder den Versuch, ob sich nicht vielleicht ein Gesetz aufspüren lasse. Aber es ist eben bisher noch nie gelungen.

In seinen kürzlich veröffentlichten Vorlesungen über Politik stellt Treitschke (1, 2) dieser Wissenschaft eine dreifache Aufgabe, als dritte (wohlgemerkt: nicht als einzige): „es wird ihr gelingen, einige historische Gesetze zu finden und moralische Imperative aufzustellen." Dann erklärt er (S. 6 ff.) sich jedoch sehr energisch gegen die Übertragung der naturwissenschaftlichen Methode auf die Geschichtswissenschaft. „Wäre die Geschichte eine exakte Wissenschaft, so müßten wir im Stande sein, die Zukunft der Staaten zu enthüllen. Das können wir aber nicht, denn überall stößt die Geschichtswissenschaft auf das Räthsel der Persönlichkeit. Personen, Männer sind es, welche die Geschichte machen." „Das Wesentliche ist das Element des Persönlichen in der Geschichte." „Mit keinem Worte soll der Historiker so vorsichtig sein wie mit dem Worte Nothwendig. . . . Er darf sich nicht anmaßen, die Geschichte zu konstruiren. Die Zahl der historischen Gesetze, die wir aufzustellen im Stande sind, ist eine sehr beschränkte und ihre Richtigkeit eine nur annähernde. Die Geisteswissenschaften können nur ethische Gesetze finden" u. s. w. Wie man sieht, gebraucht Treitschke das Wort Gesetz nicht in dem Sinne, in dem es diejenigen anwenden, die sonst von historischen Gesetzen sprechen. Das wird noch klarer, wenn wir weiter (S. 11) hören: „Ist nach Alledem der Historiker im Ganzen darauf beschränkt, nur relative Wahrheiten zu finden, so stehen glücklicherweise doch auch einige absolute Wahrheiten fest. So deduzirt er aus dem Leben und der Geschichte der Staaten, daß der

---

[1]) Harnack fährt fort: „Höchstens in der Wirthschaftsgeschichte läßt sich eine gewisse Stringenz der Erscheinungen nachweisen, wo der Kampf um das materielle Dasein regiert; aber auch dort ist er immer wieder durchbrochen durch ideelle Momente, die in kräftiger Weise eingreifen. In der Geschichte der Ideen und sittlichen Maximen aber kommt man mit dem plumpen Schema der Verursachung durch die Umstände vollends nicht aus." Ich glaube, da ich auf wirthschaftsgeschichtlichem Gebiet gearbeitet habe, hier mitsprechen zu können und möchte meine Beobachtungen dahin zusammenfassen, daß man, je mehr man in's einzelne eindringt, auch in der wirthschaftlichen Entwicklung noch weniger Gebundenheit wahrnimmt, als selbst Harnack anzunehmen scheint.

Staat Macht ist, daß alle bürgerliche Gesellschaft Klassenordnung ist u. s. f." Hier handelt es sich natürlich nicht um Gesetze, sondern um schlichte Thatsachen, Beobachtungen. Lamprecht's Verfahren würde unter folgendes Urtheil Treitschke's (S. 9) fallen: „Halbphilosophisch gebildete Köpfe haben (aus statistischen Berechnungen) eine blind wirkende Naturnothwendigkeit für den Menschen ableiten wollen." Von Lamprecht würde er gesagt haben, er „maße sich an, die Geschichte zu konstruiren" (s. vorhin).

Sehr instruktiv für die Entscheidung der Frage nach einer gesetzlichen Entwicklung ist ein Aufsatz von O. Hintze: „Roscher's politische Entwicklungstheorie" (Schmoller's Jahrbuch 1897 S. 767 ff.). Er weist hier nach, daß die Verfassungsformen nicht in gesetzmäßiger Entwicklung aufeinander folgen. Als Hindernisse einer solchen (wenn wir uns so ausdrücken dürfen) hebt er hervor: die verschiedene geographische Lage (S. 783), „den höheren und niedrigeren Druck sozusagen der gesammten politischen Atmosphäre, das, was Ranke die großen Weltverhältnisse nennt" (S. 784). „Die Durchbrechung oder Ablenkung einer partikularen Entwicklung durch eine universale Macht oder durch eine Tendenz, die aus der weltgeschichtlichen Entwicklung stammt, ... ist eine reguläre, immer wiederkehrende Erscheinung" (S 786). „Eine reguläre, typische Entwicklung" zeigen die Völker nur in ihrer Frühzeit und auch nur „meistentheils". Ob Hintze in dieser letzteren Hinsicht der naturwissenschaftlichen Auffassung noch etwas zu viel zugestanden hat, mag dahingestellt bleiben. Es mag nur daran erinnert werden, daß die Verfassung der Völker in ihrer Frühzeit so häufig kontrovers ist und daß wir oft auch sehr „junge" Völker unter einem von außen her kommenden Einfluß stehen sehen. Hintze glaubt sodann (S. 791) eine durchgehende Tendenz zur Vergrößerung der Staaten, zu umfassenderer und ausgedehnterer Staatenbildung im Lauf der weltgeschichtlichen Entwicklung konstatiren zu können. Es läßt sich viel dafür, aber auch manches dagegen sagen. Es gibt heute Propheten, welche auf Grund dieser auch von ihnen angenommenen Tendenz die baldige Aufsaugung Böhmens durch die Deutschen voraussagen zu müssen glauben. So optimistisch sind jedoch nicht alle. Im Übrigen würde noch zu untersuchen sein, ob jene Tendenz den Charakter eines Gesetzes hat.

Gerade die verunglückten Versuche, auf Grund der Annahme durchgehender Tendenzen oder Gesetze die Zukunft vorauszusagen, zeigt uns, wie verkehrt die Anwendung der naturwissenschaftlichen

Methode auf die historische Forschung ist. Treitschke's Bemerkung, daß dieselbe uns zu Propheten machen müßte, trifft vollkommen zu. Und die meisten Soziologen geberden sich auch als solche. Gumplowicz z. B. als „soziologisch" geschulter Politiker sagt den Gang der künftigen politischen Entwicklung voraus[1]). Als Resultat seiner Beobachtungen ergibt sich ihm „die größte Unwahrscheinlichkeit eines deutsch-französischen Krieges". Es läßt sich „aus soziologischen Berechnungen beinahe mit mathematischer Gewißheit" entnehmen, daß „der Trieb der Selbsterhaltung einst Deutschland dazu bringen wird, in seinem Osten Polen als eine der Schutzwehren gegen den Ansturm des russischen Weltreiches aufzurichten." Bismarck's Entlassung war eine Nothwendigkeit; Gumplowicz beweist mit ihr seinen Satz, daß die persönlichen Momente bedeutungslos sind. Solche Behauptungen haben den Übelstand, daß ihnen sehr viele widersprechen und zwar nicht wenige eben deshalb, weil ihre soziologischen Berechnungen ein anderes Resultat ergeben. Der eine Theil der soziologischen Propheten muß sich also aus falschen Propheten zusammensetzen. Wenn man den Zweck der geschichtswissenschaftlichen Arbeit in der Erforschung der Zukunft sieht, so ist das Wort, daß die Geschichte nur lehrt, daß man aus ihr gar nichts lernen kann, durchaus wahr.

Hintze meint (H. Z. 78, 66), daß „die natürliche Tendenz zu einer regulären Entwicklung unzweifelhaft vorhanden ist, daß sie aber, wie es scheint, nirgends über Ansätze hinausgeführt hat, die im Wesentlichen der Frühzeit der Völker angehören, der Zeit, wo sie noch nicht in den Strom der weltgeschichtlichen Entwicklung eingemündet sind." Abgesehen von Bedenken, die wir gegen das Wort „natürlich" und gegen die Ansicht haben, daß zu irgend einer Zeit ein Volk ganz unabhängig von der allgemeinen Entwicklung, bzw. von auswärtigen Verhältnissen gewesen sei, können wir sehr wohl zugeben, daß eine Tendenz zu einer regulären Entwicklung vorhanden ist. Dieser Gedanke liegt auch Ed. Meyer's (S. 14 f.) Worten zu Grunde: „In den Grundzügen der Entwicklung erkennen wir die allgemeinen Gesetze, in der Gestaltung des Einzelnen die Wirkung der Individualität des Volkes und der handelnden Personen, welche die gegebenen Umstände richtig oder unrichtig verwerthen. . . . Die Wissenschaft der Geschichtschreibung hat die Aufgabe, die allgemeinen Gesetze und Formen historischen Lebens zu erforschen und die Verkettung von Ursache und

---

[1]) Vgl. Gumplowicz, Soziologie und Politik (Leipzig 1892) S. 120. 125.

Wirkung im Einzelvorgang nachzuweisen. Aber ihr eigentlicher Beruf ist, in's Detail hinabzusteigen, die Entwicklung im Einzelnen zu verfolgen; sie beschäftigt sich zwar auch mit den typischen Formen, aber vorwiegend und in erster Linie mit den Varietäten." Die Beobachtungen der meisten Historiker werden sie wohl dahinführen, das Moment der Nothwendigkeit noch etwas geringer anzuschlagen, als es Meyer thut[1]). Er gebraucht übrigens den Ausdruck „allgemeine Gesetze und Formen" offenbar auch in einem anderen Sinne als dem, mit dem wir es hier zu thun haben. Jedenfalls aber geben wir ihm wie Hintze zu, daß eine Tendenz zu einer bestimmten Entwicklung vorhanden ist. Wir wollen darum auch durchaus nicht den Historiker abmahnen, nach solchen „historischen Gesetzen" zu suchen. Er soll vielmehr sein Augenmerk darauf gerichtet behalten. Dieses Streben kann ihm nur nützlich sein. Allein wir beginnen ja nicht heute die historische Forschung. Eine stattliche Reihe von Generationen hat sich schon der Geschichtschreibung gewidmet. Wir haben bereits ein recht beträchtliches Beobachtungsmaterial aufgespeichert. Und wenn nun heute jemand nicht bloß erklärt, der Historiker habe in erster Linie Gesetze zu erforschen, sondern sogar, es seien schon Gesetze nachgewiesen, denen der geschichtliche Verlauf unabänderlich unterliege, dann besitzt er entweder nicht die Unbefangenheit, die die historische Betrachtung erfordert, oder er hat nur einen sehr oberflächlichen Blick in die geschichtliche Entwicklung gethan. Wie kann jemand ein Dutzend Bände[2]) historischer Darstellung verfassen und dann noch an historische Gesetze glauben, dann noch die Hauptaufgabe des Geschichtschreibers in deren Feststellung sehen! Er verzichte darauf, sich weiter als Historiker zu produziren. Er suche die Befriedigung seines wissenschaftlichen Bedürfnisses in den Naturwissenschaften oder in der Philosophie, obwohl

---

[1]) Vgl. Meyer S. 15: „Daß die Entwicklung der deutschen Geschichte in diesem Jahrhundert zu einer Einigung der Nation führen mußte, erscheint uns als geschichtliche Nothwendigkeit; daß sie sich in den Jahren 1866 und 1871 in der Form eines Bundesstaates mit 25 Mitgliedern vollzogen hat, beruht auf der Individualität der geschichtlich wirkenden Faktoren." Darf man aber wirklich die Einigung unserer Nation auch nur ganz im allgemeinen, abgesehen von den bestimmten Formen, als nothwendig im strengen Sinne ansehen? Hätte es nicht auch anders kommen können? In der Geschichte ist eine Kombination oft der Verwirklichung sehr nahe; im letzten Augenblick jedoch tritt etwas dazwischen.

[2]) So viel ungefähr zähle ich bei Lamprecht.

auch diese ihm theilweise ihre Pforten verschließen wird. Wenn die geschichtliche Betrachtung irgend etwas gelehrt hat, so ist es die Wahrheit, daß der eigentliche Beruf des Historikers darin liegt, „in's Detail hinabzusteigen", daß er sich „vorwiegend und in erster Linie mit den Varietäten" zu beschäftigen hat. Denn nicht nur, daß bestimmte Gesetze sich nicht nachweisen lassen; wir haben genügende Beobachtungen gemacht, um zu wissen, daß ein anderer Zweck als die Aufspürung von allgemeinen Gesetzen viel höher zu stellen ist. „Was bleibt" — ruft Windelband (Geschichte und Naturwissenschaft S. 21) aus — „bei einer Induktion von Gesetzen des Volkslebens schließlich übrig? Es sind ein paar triviale Allgemeinheiten, die sich nur mit der sorgfältigen Zergliederung ihrer zahlreichen Ausnahmen entschuldigen lassen."

Selbstverständlich ist es, wenn wir „in's Detail hinabsteigen", nicht unsre Absicht und nicht unser Verhängnis, in den Einzelheiten nach Art eines antiquarischen Forschers stecken zu bleiben. Aber die menschliche Entwicklung enthüllt sich uns nur im „Detail". Jene Grundthatsache, die Verflechtung von Freiheit und Nothwendigkeit, wird gerade im Detail anschaulich. Wenn wir das wirkliche historische Leben sehen wollen, wenn das, was der Historiker über allgemeine Zusammenhänge, über die Kräfte in der Geschichte sagen zu können glaubt, von echter Lebensanschauung gesättigt sein soll, so wäre hierfür die Stimmung, welche das Detail als minderwerthig ansieht, eine höchst ungeeignete Voraussetzung.

Ich möchte in der That die Behauptung aufstellen: der Nutzen der geschichtlichen Betrachtung liegt weit mehr in der Erkenntnis, daß es keine historischen Gesetze[1] gibt, als in der, daß hier und da etwas gesetzähnliches bemerkbar ist. Einige allgemeine Wahrheiten, die in der geschichtlichen Entwicklung hervortreten, kann man ja wohl ermitteln. Eine der bemerkenswerthesten ist die Thatsache, daß ein Zusammenhang zwischen Verfassung und Umfang des Staates erkennbar ist[2], einmal in dem Sinne, daß in großen Staaten eine Neigung

---

[1] Ich mache natürlich die Einschränkung: keine wahrnehmbaren Gesetze. Denn es läßt sich ja nicht beweisen, daß der Charakter der Nothwendigkeit bei den geschichtlichen Ereignissen absolut ausgeschlossen ist. Vgl. H. Z. 79, 347 f.

[2] Vgl. Hintze, Jahrb. f. Gesetzgebung 1897, S. 786 ff. Er macht (S. 801) darauf aufmerksam, daß wohl Schleiermacher zuerst auf den inneren Zusammenhang zwischen der Größe der Staaten und der Form ihrer Verfassung hingewiesen hat.

zur Monarchie, in kleinen zur Republik besteht, sodann in dem, daß auf einer gewissen Stufe der wirthschaftlichen Kultur die Regierungen großer Staaten oft den wirthschaftlichen Interessen des Landes wenig Aufmerksamkeit entgegenbringen. Nur würde es schwer sein, diese Beobachtung in die Form eines allgemeinen Gesetzes zu bringen. Und zweitens besteht gegen die Annahme eines Gesetzes die materielle Schwierigkeit, daß der Satz nicht ausnahmslos gilt. Noch interessanter ist eine andere allgemeine Wahrheit: die Erkenntnis, die wir Ranke verdanken, daß das innere Leben der Staaten zum großen Theil abhängig ist von dem Verhältnis der Staaten unter einander, von den Weltverhältnissen. Dies ist, mag man sich auf den Standpunkt der Utilität stellen oder nach dem inneren Wissenswerth fragen, eine wissenschaftliche Entdeckung allerersten Ranges, die alle Entdeckungen der Nationalökonomen und Soziologen, von den modernen Geschichtsklitterern gar nicht zu reden, bei weitem hinter sich läßt. Und es ist gewiß nicht Zufall, daß wir diese Wahrheit einem der viel verlästerten „politischen" Historiker verdanken. Denn nur der, der es nicht verschmähte, auch die verspotteten „Haupt= und Staatsaktionen", die diplomatischen Verhandlungen, die Kriegsgeschichte zu studiren, konnte einen vollständigen Überblick über das Spiel der Kräfte gewinnen. Nun haben wir es aber hier mit einer Wahrheit zu thun, deren Bedeutung gerade darin liegt, daß sie die Annahme historischer Gesetze für die Entwicklung der einzelnen Völker unmöglich macht. Und kann denn dies Resultat historischer Beobachtung befremden? Stimmt es nicht vielmehr mit dem vollkommen überein, was wir überhaupt von der Förderung unserer Erkenntnis durch die historische Forschung wissen? Jeder wird, wenn er nach dem Erfolg der Arbeit des historischen Jahrhunderts gefragt wird, in erster Linie auf die Überwindung des starren Dogmatismus — auch des rationalistischen Dogmatismus —, der starren juristischen und nationalökonomischen Systeme, die klassisch sein, für alle Zeiten und Völker gelten wollten, hinweisen. Eben hier hat ja die Geschichtschreibung das Princip der Entwicklung geltend gemacht (s. oben S. 201). Es ist aber doch nur eine andere Seite derselben Thätigkeit, wenn die Historiker mit gleicher Energie die Konstruktion einer fest bestimmten Stufenfolge ablehnen, in der die historische Entwicklung verlaufen soll und muß. Unter dem Aushängeschild der Aufzeigung einer naturgemäßen Entwicklung, theilweise freilich auch in berechtigtem Gegensatz zu einem starren dogmatischen System hat man im Laufe des 19. Jahrhunderts den

Historikern bereits eine ganze Anzahl von Theorien über den Entwicklungsgang, den die Menschheit oder die Völker durchzumachen haben sollen, aufdrängen wollen — Theorien, die im Grunde nur metaphysischen oder praktischen Ursprungs waren. Man hat jedoch außerordentlich wenig Entgegenkommen gefunden. Die Historiker haben mit ganz geringen Ausnahmen das Hegel'sche Entwicklungsschema ebenso verworfen wie irgend ein starres dogmatisches System. Sie beweisen in der Gegenwart mit ganz geringen Ausnahmen dem materialistischen Entwicklungsschema gleichfalls keine Zuneigung.

Man hat oft erklärt, daß der Begriff der Entwicklung den einer gesetzlichen Entwicklung einschließe. Die Frage ist schwierig zu erörtern. Der Historiker kann jedenfalls einen Entwicklungsbegriff von zu positivem Inhalt nicht gebrauchen. Er fühlt sich oft versucht, gegen die Konstruktion bestimmter Entwicklungsstufen gerade den Entwicklungsbegriff geltend zu machen. Er wird immer wieder in die Lage kommen, konstatiren zu müssen, daß die Entwicklung nicht so verlaufen ist und nicht so verläuft, wie Menschenwitz sie sich konstruirt. Im Historiker steckt zweifellos ein Stück Skeptiker. Wenn es der Zweck der Wissenschaften ist, eine Gesammterkenntniß hervorzubringen, so fällt der Historie dabei zunächst die Rolle zu, auf die Relativität aller der Behauptungen hinzuweisen, die die systematischen Wissenschaften aufstellen. Die Philosophie, die Theologie (nicht bloß eine, sondern alle theologischen Parteien), die Jurisprudenz, die Naturwissenschaft[1]) haben immer die Tendenz, allgemeine Systeme, fertige Begriffe zu bieten. Auch in der Nationalökonomie ist sie vorhanden; sie hat sich sogar in die „historische Schule" derselben theilweise hinübergerettet. Die Geschichtswissenschaft bestreitet immer die Allgemeingiltigkeit der Systeme, der Begriffe[2]). Sie lehrt erkennen, daß die

---

[1]) Auch die evolutionistische Naturwissenschaft ist hiervon nicht auszunehmen. Denn erstens sucht auch sie nur Gesetze. Zweitens ist sie — doch wohl nicht ganz mißbräuchlich, sondern vermöge eines in ihrem Wesen liegenden Momentes — sehr häufig mit einem krassen Dogmatismus verbunden.

[2]) Erdmannsdörffer sagt über Schlosser (S. 20): „Aus seinem weltumspannenden Blick über Völker und Zeiten entsprang ihm vielmehr ein Gefühl von der Relativität aller dieser Fragen als die Überzeugung zu gunsten irgend einer einzelnen Lösung." Vgl. auch M. Lenz (Deutsche Rundschau 93, 361): „An der historischen Aufklärung nehmen wir zunächst nur die zersetzende Kraft wahr, und nicht die unwägbaren Güter, denen sie nun doch vielleicht Raum verschaffen möchte." Hinze, Jahrb. a. a. O. S. 809 weist nach, daß das

Dinge nicht stabil sind, daß die starren Dogmen und Regeln, die man aufstellt, zum mindesten bedeutenden Einschränkungen unterliegen, zugleich auch, daß es unzulässig ist, für die menschliche Entwicklung feste Naturgesetze zu dekretiren. Die Einseitigkeiten der historischen Rechtsschule sind großentheils gerade auf dem Wege der historischen Forschung aufgedeckt worden[1]). Keine Wissenschaft vermittelt für sich allein eine vollständige Welterkenntnis; erst in ihrer Vereinigung und gegenseitigen Ausgleichung liefern die verschiedenen Wissenschaften eine Gesammtanschauung. Aber eben damit sie zu diesem Ziele führen

---

Roscher'sche Schema (typische Reihe der Regierungsformen, die mit der sozialen Entwicklung in Zusammenhang stehen) „einerseits so viele bedeutende Ausnahmen erleidet und sich andrerseits, um überhaupt anwendbar zu sein, in so unbestimmten und inhaltarmen Begriffen (vgl. Windelband: „ein paar triviale Allgemeinheiten") bewegt, daß die wissenschaftliche Bedeutung, die ihm zukommt, doch nur gering ist". Er fährt dann fort: „Werthvoller, scheint mir, ist das negative Resultat", daß aus den Versuchen, durch Vergleichung der sozialen und politischen Entwicklung aller Zeiten und Völker ein Entwicklungsgesetz des sozialen und politischen Lebens überhaupt abzuleiten, „ein großer wissenschaftlicher Gewinn nicht zu erwarten ist." — Auffallend ist es, daß Bernheim S. 113 ff. gar nicht auf diesen Nutzen der geschichtlichen Betrachtung hinweist.

[1]) Stammler, Wirthschaft und Recht (vgl. H. Z. 78, 78 ff.) gesteht der Geschichtswissenschaft nicht die Fähigkeit zu, die materialistische Geschichtsauffassung zu widerlegen. Dem gegenüber bemerkt Keller (Kritische Vierteljahrsschrift f. Gesetzgebung und Rechtswissenschaft 1897, S. 519) mit Recht: „Eine Widerlegung der materialistischen Geschichtsauffassung aus Einzelheiten der Geschichte der menschlichen Gesellschaft erscheint wohl denkbar". Wenn er dann fortfährt: „Nur würde sie ein langsameres, vorsichtigeres Vorgehen der Untersuchung erfordern, als es die materialistische Geschichtsauffassung beobachtet hat; voreilige Generalisation ist hier eine der größten Fehlerquellen", so stimmen wir ihm völlig zu (ganz besonders auch mit Rücksicht auf Lamprecht). Nach unserer Ansicht wird der Eindruck, den die unbefangene historische Beobachtung der Einzelheiten des geschichtlichen Verlaufs hinterläßt, sogar das kräftigste unter den wissenschaftlichen Mitteln der Widerlegung der materialistischen Geschichtsauffassung abgeben. Woran liegt es denn, daß sich unter den wissenschaftlichen Historikern so gut wie gar keine Anhänger der materialistischen Anschauung finden? Daran, daß dieselbe durch die historische Betrachtung auf Schritt und Tritt widerlegt wird. Dabei wollen wir das von Stammler eingeschlagene Verfahren keineswegs gering schätzen. Auch hier gilt die Bemerkung, daß erst die Gesammtheit der Wissenschaften eine Gesammterkenntnis hervorbringt.

können, muß jeder die eigenthümliche Art ihrer Anschauung gesichert bleiben. Der Historiker darf, wenn er richtig sehen will, sich nicht der Brille des Naturforschers bedienen; er hat ja seine eigenen Augen. Und sein Beruf wird es eben voraussichtlich immer bleiben, gegen die Konstruktionen der Systematiker Einspruch zu erheben.

Es soll nun keineswegs behauptet werden, daß der Nutzen der geschichtlichen Betrachtung sich darin erschöpft, zu Zweifeln anzuregen, die Relativität aller Systeme erkennen zu lassen. Er ist auch sehr positiver Natur. Vergegenwärtigen wir uns, um ihn aufzuzeigen, die wichtigsten Beobachtungen, die die Geschichtsforschung gemacht hat. Zunächst dürfte der Gedanke der historischen Rechtsschule zu nennen sein, daß das Recht Produkt des Volksgeistes sei. Wir können dieser Idee, namentlich im Hinblick auf die weitere Fassung, in der die große Bewegung der Romantik sie nimmt (ich erinnere nur an die sprachwissenschaftlichen Studien), die Form geben, daß der Einzelne in seinem Volke[1]) steht. Wie die romantische Bewegung überhaupt den Rationalismus überwunden hat, so stellt jener Gedanke speziell die Überwindung seiner Geschichtsauffassung dar. Die Anschauung, daß lediglich die Individuen (als solche) die Elemente der Geschichte sind, aus deren bewußter, planmäßiger, berechnender Wechselwirkung sich die sozialen Gebilde aufbauen[2]), ist damit endgiltig beseitigt worden. Kein Historiker des 19. Jahrhunderts hat sie mehr vertreten. Jene Idee ist nun wohl geeignet, der Konstruktion historischer Entwicklungsgesetze Nahrung zu geben. Allein sie enthält noch nicht die volle Wahrheit. Die Romantik ist die heilsame Reaktion gegen den Rationalismus, aber wie jede Reaktion einseitig. Der Einzelne ist Glied seines Volkes, jedoch nicht bloß Glied seines Volkes[3]). Der Verwerthung jenes Gedankens für die Konstruktion von Entwicklungsgesetzen stehen andere historische Beobachtungen entgegen, die nicht weniger bedeutungsvoll sind. Einmal die Ranke'sche

---

[1]) Auch die Abhängigkeit von allerlei „sozialen Gruppen", nicht bloß vom Volke, hat man damals schon betont. Daher schreibt sich theilweise die Überschätzung der Bedeutung der mittelalterlichen Gilden. Vgl. Jahrbücher f. Nationalökonomie 58, 56 Anm. 3.

[2]) Vgl. Tröltsch, Realencykl. f. protest. Theol. u. Kirche 2 (dritte Aufl.), 231.

[3]) Wir wollen hier nicht weiter auseinandersetzen, daß so einseitig wie die Vertreter der modernen Lehre vom „Milieu" die Romantiker doch noch keineswegs gewesen sind.

Entdeckung von dem Einfluß der auswärtigen Verhältnisse auf die inneren Vorgänge der Staaten. Sodann die Wahrheit, die wir vorhin (S. 235) mit den Worten Treitschke's hervorgehoben haben. „Ohne die Kraft und die That eines Einzelnen, einer Persönlichkeit, vermag sich nichts Großes und Förderndes durchzusetzen ... Eine stumpfe Psychologie sieht nicht, daß dies die eigentlichen Hebel der Geschichte sind.... Nicht nur im Anfang war das Wort, das Wort, das zugleich That und Leben ist, sondern immerfort in der Geschichte hat in und über der treibenden Noth das lebendige, muthige, thatkräftige Wort, nämlich die Person, gewaltet"[1]). Auch diese Anschauung von der tiefgreifenden Bedeutung der Persönlichkeit dürfen wir als eine allgemeine historische Beobachtung bezeichnen. Denn mit seltener Übereinstimmung haben sich die Historiker zu ihr bekannt. Und selbst diejenigen, die, wie Lamprecht, an historische Gesetze glauben, sehen sich zu einigen, in ihrem System freilich inkonsequenten, Konzessionen an jene Anschauung veranlaßt (s. oben S. 226 ff.).

Hiernach dürfte klar sein, worin wir den positiven Werth der geschichtlichen Betrachtung zu sehen haben. Einerseits betonen wir, daß, wer in das Kulturleben der Menschen zu lebendiger Mitwirkung eintreten will, das Verständnis seiner Entwicklung haben muß (Windelband S. 19). Andrerseits sehen wir, daß der Mensch in seiner Gattung, seinem Volke, dem Zusammenhang, in dem er geboren wird, nicht aufgeht. Der höchste Werth, den das Leben für den Menschen hat, liegt darin, daß er sich selbständig weiter zu entwickeln, daß er etwas zu erringen vermag, daß er eine Individualität ist. „Alles

---

[1]) Harnack, Christenthum und Geschichte S. 8 f. Feinsinnige Betrachtungen über die Frage, ob der Mensch von den Zeitumständen abhängig sei, bei Justi, Velasquez 1, 121 ff. Natürlich entscheidet er die Frage nicht in Lamprecht's Sinne. Interessant ist die Bemerkung Treitschke's über Cavour, Hist. u. polit. Aufsätze 2 (vierte Aufl.), 254: „Es gibt Staaten, die das Gesetz ihres Lebens nicht durch eine geographische Nothwendigkeit, sondern durch den freien Entschluß ihrer Leiter empfangen... Hierin, in der bewußten Arbeit des Menschenwillens, liegt der tiefe Grund der oft geschilderten Verwandtschaft zwischen Preußen und Piemont." Er sieht also den Grund der übereinstimmenden Züge zweier Staaten in der gleich gewaltigen Energie der leitenden Persönlichkeiten. Vgl. gegen Lamprecht auch E. Marcks, Fleckeisen's Jahrbücher 1898, S. 213. — Ehrenberg, Zeitalter der Fugger, drückt sich im Vorwort S. VII über die Bedeutung der Persönlichkeit für die wirthschaftliche Entwicklung ähnlich wie Lamprecht aus, muß jedoch im Verlaufe der Darstellung (1, 149 f.) konstatiren, daß auf sie auch hier sehr viel ankommt.

Interesse und Beurtheilen, alle Werthbestimmung des Menschen bezieht sich auf das Einzelne und das Einmalige." „Unser Gefühl stumpft sich schnell ab, sobald sich sein Gegenstand vervielfältigt oder als ein Fall unter tausend gleichartigen erweist" (Windelband S. 21). Wer einem „sozialen Ideal"[1]), wer überhaupt einem Ideal huldigt, der protestirt gegen den lähmenden Gedanken einer rein gesetzmäßigen Entwicklung. Wenn die Erfahrung lehrt, daß die Historiker sich regelmäßig durch das Verständnis für die ethischen Fragen des Lebens auszeichnen, wenn man der historischen Betrachtung nachrühmt, daß sie eine erhebende Wirkung ausübt, so hat diese Erscheinung darin ihren Grund, daß in den Augen des Historikers das Einzelne und der Einzelne etwas gelten, nicht bloß die Gattung Gegenüber dem niederdrückenden und abstumpfenden Gefühl, das die von der Naturforschung vorgetragene Lehre unserer Abhängigkeit von allgemeinen Gesetzen bei uns hervorbringen will, suchen wir Stärkung, außer in den Erfahrungen des eigenen inneren Lebens, in der geschichtlichen Betrachtung. Die naturwissenschaftliche und die geschichtliche Anschauung bringen (soweit es der Wissenschaft überhaupt möglich ist) vereint eine Gesammterkenntnis des Weltganzen hervor; an sich stehen sie in unvereinbarem, in feindlichem Gegensatz zu einander.

Bedarf es nun noch einer weiteren Beweisführung, daß derjenige, der dem Historiker als erste und eigentliche Aufgabe die Aufsuchung allgemeiner Gesetze zuweist, das Wesen der Geschichte vollkommen verkennt? Eine wahre Verflachung der historischen Betrachtung bewirkt die naturwissenschaftliche Auffassung.

Bei Lamprecht ist es denn auch nichts weniger als eine historische Beobachtung, die ihn zu seiner Theorie bestimmt. Er geht von einem einfachen Postulat aus.

---

[1]) Stammler, a. a. O. S. 572 ff.: „sozialer Idealismus". F. v. Calker, Politik als Wissenschaft (1898), S. 13 bezeichnet die Erklärung der Erscheinungen unter dem Gesichtspunkt der Kausalität als unfähig, ein allgemeines Werthurtheil über sie zu liefern. „Die soziologische Richtung ... muß entweder die Beurtheilung dem subjektiven Meinen des Einzelnen anheimgeben ... oder auf eine Beurtheilung im eigentlichen Sinn überhaupt Verzicht leisten, indem sie das Bestehende, da es ja kausal entstanden, als um deswillen auch berechtigt erklärt Vom Standpunkt der soziologischen Anschauung aus ist wohl das letztere ... konsequenter." Es ist daher völlig verkehrt, wenn Barge S. 35 f. gerade von der „kausal=entwicklungsgeschichtlichen Auffassung" die Schaffung von Werthurtheilen in „methodischer Bewußtheit" (!) erwartet.

Er bemerkt einmal (Jahrb. f. Nat. 68, 897): „Für mich geht alles tiefere geschichtliche Verständnis aus von der Einsicht in die Regelmäßigkeit sozialpsychischer, wirthschaftlicher, rechtlicher, geistiger u. s. w. Vorgänge." Man merkt es der Formulirung dieses Satzes schon an, daß wir es in dem System Lamprecht's mit einer geschichts=philosophischen Konstruktion, nicht mit empirischer Erkenntnis zu thun haben[1]). Er gehört zu denen, welche die Nachweisbarkeit historischer Gesetze behaupten und auch meinen, sie nachgewiesen zu haben, weil sie an die unbedingte Gültigkeit des Kausalitätsgesetzes glauben. Nun wird jedoch dieser Glaube stark angefochten. „Es ist" — sagt Stammler (S. 360 ff.) — „ein naiver Gedanke, daß die Gegenstände in dieser Natur von absoluten Ursachen — ich weiß nicht, was für Dingen? — getrieben würden; als ob eine Kausalität in allem ganz von selbst — man weiß nicht, wie? — Wirkungen ausübte und in ihrem unabhängigen Dahinrollen die Objekte anstieße.... Kausalität ist weiter gar nichts als eine allgemein gültige formale Art und Weise, in welcher wir Erscheinungen, die uns in der Anschauung gegeben werden, zu einheitlicher Auffassung ordnen.... Kausalität ist ein Denkelement.... Die Meinung von einer absoluten und an sich rollenden Kausalität ist ebenso unklar wie absurd." Das Kausa= litätsgesetz ist nicht „ein allmächtiges, irgendwie für sich bestehendes, Ding oder Unding, ... das als unumschränkter Selbstherrscher alle zukünftigen Möglichkeiten jetzt schon regierte". Diejenigen, welche die unbedingte Geltung des Kausalitätsgesetzes behaupten, stützen sich (falls sie sich auf etwas stützen) auf die Beobachtungen, die die Psychologie hinsichtlich der Sinneswahrnehmungen gemacht hat oder gemacht zu haben glaubt. Allein dies sind doch einseitige Beobachtungen. Wir brauchen uns indessen als Historiker mit der Frage der Geltung des

---

[1]) Vgl. auch Zukunft 18, 30: „methodisches Postulat einer gesetzmäßigen Entwicklung". Die Art, wie Lamprecht hier Hintze eine Inkonsequenz nach=zuweisen sucht, will ich nicht zergliedern, wie ich mich überhaupt der Mühe überhebe, seine Beweisführung in allen Einzelheiten zu charakterisiren. S. auch Jahrb. f. Nat. 69, 202: „Die Kausalität, auf das Entwicklungsprincip angewandt, ergab auf dem Gebiete der Naturgeschichte die Lehre von der Entwicklung der Arten, auf dem Gebiete der Geistesgeschichte die Lehre von den Kulturzeitaltern." „Parallel der Aufstellung einer kausalen Entwicklung ging, sie auf geistesgeschichtlichem Gebiete erst vollkommen ermöglichend, die Erweiterung der Individualpsychologie auf die sozialpsychischen Zusammen=hänge."

Kausalitätsgesetzes nicht aufzuhalten. Denn es ist noch nie gelungen, seine ausnahmslose Geltung auf dem Gebiet der Geisteswissenschaften nachzuweisen, und es wird auch nie gelingen, das Kausalitätsgesetz hier selbst nur in annähernder Reinheit durchzuführen[1]), am wenigsten auf dem Gebiet der Geschichte. Mag man noch so eifrig die unbedingte Geltung des Kausalitätsgesetzes als nothwendiges Postulat bezeichnen, der Historiker vermag damit nichts anzufangen. Er sieht sich überall genöthigt, empirisch den Individualismus der menschlichen Handlungen zu konstatiren; dieser schließt die Nachweisbarkeit der unbedingten Geltung jenes Gesetzes aus. Wer an jenes Postulat glauben zu müssen meint, der mag die Persönlichkeit als eine bloße Resultante der Wirkung von Ursachen ansehen. Der Historiker kann ihm dahin nicht folgen. Er hat sich darauf zu beschränken, die Thatsache dieser eigenthümlichen Konstellation — in seiner Sprache: die Thatsache einer Persönlichkeit — festzustellen; auflösen kann er sie, mit seinen Mitteln, nicht. Individuum est ineffabile. Was die Persönlichkeit, die Individualität sei, sagt der Historiker nicht. Er braucht es nicht zu sagen, weil er es nicht sagen kann; die Mittel der historischen Methode reichen zu einer solchen Bestimmung nicht hin. Er sucht, soweit es geht, die Motive des Individuums zu erforschen; ganz es zu erklären vermag er nicht. Das Urtheil des Philosophen, das Individuum sei nur eine Resultante der Wirkung von Ursachen, interessirt ihn als Historiker nicht. Er rechnet mit dem Individuum als einer unzerlegbaren Thatsache[2]). „Während die

---

[1]) Über die Sprachwissenschaft vgl. Deutsche Lit.-Zeitung 1898, Sp. 464.
[2]) Vgl. Treitschke's Worte oben S. 235. Er bemerkt weiter (S. 6 f.): „Wie es zugeht, daß diese Männer erscheinen, zur rechten Zeit der rechte Mann, das wird uns Sterblichen immer ein Räthsel sein... Das Verkennen dieser Wahrheit führt zu so vielen Trugschlüssen, deren Thorheit sich Wenige klar machen, weil sie schon fast zu Gemeinplätzen geworden sind." — Lamprecht (Zukunft, 31. Juli 1897, S. 205 f.) kann sich der Beobachtung nicht verschließen, daß die Geschichtsforschung „nicht in der Lage der Naturwissenschaft ist, alles geschichtliche Geschehen thatsächlich in einen kausalen Mechanismus aufzulösen." Er muß also auch eine gewisse Freiheit der Persönlichkeit anerkennen. Aber, wie wir schon gesehen haben, schlägt er diese so gering an, daß sie in seinen Augen die Annahme einer rein gesetzmäßigen Entwicklung gar nicht stört. „Für die universalistische (d. h. seine) Auffassung ist diese Freiheit, und sei sie bei einzelnen eminenten Persönlichkeiten noch so groß, auf Grund der Aussage eben dieser Persönlichkeiten selbst

Anthropologie" — sagt E. Meyer (S. 15) — „sich beschränkt, das Gesetzmäßige und Allgemeine aufzuweisen, herrscht in der Geschichte daneben der Zufall und der freie Wille des Einzelnen. Dabei ist es völlig gleichgültig, wie man philosophisch über beide Begriffe denkt. Die Geschichtschreibung spricht nicht in einer philosophisch konstruirten Sprache, sondern in der des täglichen Lebens. Und diese verbindet mit beiden völlig klare Anschauungen und setzt sie überall als Fundamentalbegriffe voraus."

Wer Geschichte schreiben und auf das Lob unbefangener historischer Betrachtung Anspruch erheben will, wird sich zu diesem Standpunkt auch dann bekennen müssen, wenn ihn seine philosophischen oder naturwissenschaftlichen Überzeugungen zum Glauben an jenes Postulat zwingen. Hier bleibt ebenfalls die Wahrheit bestehen, daß der Historiker seine eigenen Augen hat, die geschichtliche Entwicklung nicht mit der Brille ansehen darf, die ein Philosoph oder ein Naturforscher sich aufzusetzen für gut befunden hat. Er würde ja sonst auf die Selbständigkeit seiner Wissenschaft verzichten[1]). Historische Erkenntnis

(vgl. über dieses famose Argument oben S. 228), ... eingeschlossen in den Bannkreis der obersten empirischen Nothwendigkeiten, die obersten geschichtlichen Zustände. Diese Nothwendigkeiten aber, das Walten der sozialpsychischen Kräfte, die andere nichtindividualistische Seite der Geschichte, kann die Wissenschaft nun allerdings durch die Vermittlung des Begriffes auseinander folgender Kulturzeitalter hindurch in Kausalreihen auflösen." Praktisch gelangt Lamprecht also genau zu dem Standpunkt derjenigen, die das Individuum als unzerlegbare Thatsache nicht anerkennen. Und unsere obigen Bemerkungen treffen mithin auch ihn. Seine „universalistische" Auffassung ist eben nur ein Ausdruck seines Eklekticismus, der Halbheit seiner Ansichten. In den Jahrbüchern f. Nat. 68, 884 bezeichnet er die Deutung des Komplexes der speziellen Eigenschaften des Einzelnen als „Persönlichkeit" für einen Verstoß gegen die Empirie. „Eine solche Auffassung (der Begriff der Individualität im prägnanten Sinne) überschreitet die unmittelbare Erfahrung." Wir müssen die Bildung des Begriffs Persönlichkeit gerade umgekehrt als ein Produkt richtig verstandener Empirie ansehen. Umgekehrt können wir L.'s Verfahren, auf Grund einiger aus dem Zusammenhang gerissener Aussprüche Bismarck's über eines der wichtigsten metaphysischen Probleme abzuurtheilen, nur für einen wahren Hohn auf alle Empirie erklären. Es verstößt aber überhaupt gegen die gesunde Empirie, metaphysische Probleme auf angeblich empirischem Wege vollkommen lösen zu wollen.

[1]) Selbstverständlich soll hiermit nicht einer Geringschätzung der Philosophie oder irgend einer andern Wissenschaft das Wort geredet werden. „Die

kann er nur aus historischen Quellen, mit den Mitteln der historischen Methode gewinnen. Die Vertreter anderer Wissenschaften mögen unsere Erkenntnis für beschränkt halten. Wir sind der Ansicht, daß die Naturforscher, die auch geschichtliche Dinge nur durch ihre Brille sehen und die Resultate der selbständigen historischen Forschung ignoriren, nicht zu einer vollen Erkenntnis des Weltganzen, sondern zu einem furchtbar einseitigen Bilde gelangen; daß ihre Anschauungen sehr dringend der Kontrolle durch die unbefangene historische Betrachtung bedürfen.

Erklären — sagt man uns — bedeutet: in einen gesetzlichen Zusammenhang einreihen, auf Ursachen zurückführen. Gut! Wir gestehen gern, daß wir nicht alles erklären können. Wir beanspruchen es gar nicht. Es erscheint uns im Gegentheil von der höchsten Wichtigkeit, daß wir die Unerklärbarkeit konstatiren müssen. Die Persönlichkeit ist in der That ein Räthsel. Unsern Ranke werden wir nie vollständig erklären, nie alles bei ihm auf Ursachen zurückführen können.

Unser ceterum censeo aber lautet: unter dem Hinweis auf das Kausalitätsgesetz eine gesetzmäßige Entwicklung zu behaupten ist dilettantische Kühnheit.

idiographischen Wissenschaften bedürfen auf Schritt und Tritt der allgemeinen Sätze, welche sie in völlig korrekter Begründung nur den nomothetischen Disziplinen entlehnen können" (Windelband S. 23). Der Historiker muß mit der ganzen, auch der philosophischen Bildung seines Jahrhunderts ausgestattet sein (H. Z. 78, 82). Wie wäre es möglich, Verfassungsgeschichte ohne juristische Schulung zu schreiben! (Das zu bestreiten liegt mir umsoferner, als ich wiederholt diesen Gesichtspunkt gerade gegen — Lamprecht geltend gemacht habe.) Allein der Historiker muß, wenn anders die Geschichte einen selbständigen Werth haben, selbständige Erkenntnisse vermitteln soll, sich die Unabhängigkeit seiner Methode zu wahren suchen. Die Rollen werden vertauscht, wenn man von ihm die Arbeit des Philosophen oder des Naturforschers verlangt. Seine Zurückhaltung ärgert freilich die Vertreter anderer Wissenschaften; daher die so oft begegnenden geringschätzigen Urtheile über unsere Arbeit. Daß die Historiker gut thun, ihre Methode von der naturgesetzlich begründeten Psychologie frei zu halten, heben auch die Philosophen Windelband (S. 23) und Dilthey (Sitzungsb. d. Berl. Akad. 1894, S. 1361) hervor. — Amüsant ist es, wenn Barge S. 25 es als den Vorzug von Lamprecht rühmt, daß „er sich von jeglicher philosophischen, ethischen, politischen Prämisse frei zu halten suchte und nur auf die Darlegung kausaler Zusammenhänge in der Geschichte bedacht war." Wie war er wohl darauf gekommen, nur kausale Zusammenhänge darlegen zu wollen? Ohne Philosophie?

Lamprecht begnügt sich freilich nicht mit der Aufstellung eines Postulats. Er beansprucht den postulirten Entwicklungsgang auch empirisch nachweisen zu können und glaubt dies in seiner „Deutschen Geschichte" gethan zu haben.

Das methodische Mittel, dessen er sich dabei bedient, ist das statistische Verfahren[1]). Gegen dessen Anwendung bestehen zunächst allgemeine Bedenken. Die historische Forschung kann von der statistischen Methode bloß einen sehr spärlichen Gebrauch machen, einmal wegen der Natur der historischen Quellen, sodann weil die Zwecke, die sie verfolgt, nur ausnahmsweise auf dem Wege der statistischen Methode erreicht werden können. Wenn man statt der spezifisch-historischen in größerem Umfang die statistische Methode anwenden wollte, so würde das Maß unserer Erkenntnis einfach vermindert werden[2]). Wir sehen hier die verhängnisvolle Wirkung der irrigen Anschauung Lamprecht's von den Aufgaben der Geschichtswissenschaft, seiner Ansicht, daß nur das Reguläre und Vergleichbare das Werthvolle ist, nicht das Singuläre und Unvergleichbare. Es kommt hinzu, daß die statistische Operation, deren er sich bedient, nicht bloß die eigentlich zahlenstatistische Induktion, sondern vornehmlich die „schätzungsweise Induktion" ist. Durch deren Übertragung auf die historische Forschung wird natürlich der Willkür Thor und Thür geöffnet[3]).

Doch wir können uns der principiellen Erwägungen entschlagen. Machen wir die praktische Probe: prüfen wir, wie es sich mit dem thatsächlichen Entwicklungsgang, den Lamprecht aufstellt, verhält. Derselbe soll, wie bemerkt, in seiner „Deutschen Geschichte" niedergelegt

---

[1]) Deutsche Zeitschr. f. Geschichtsw. 1, 133 ff.; Jahrb. f. Nat. 68, 883. Lamprecht citirt Bernheim's Bemerkungen über Statistik und Geschichtswissenschaft. Als ob dieser nicht gegen das jetzt von Lamprecht angewandte Verfahren lebhaft protestirte!

[2]) W. Götz (Seeliger's Histor. Vierteljahrsschrift 1, 136. 138) spricht von der „Arbeit einer das Gewicht der einzelnen Zeugnisse, das Für und Wider peinlich abwägenden, das Ganze dabei im Auge behaltenden historischen Methode" und stellt ihr gegenüber „das statistische Verfahren ohne genügendes Abwägen der Zuverlässigkeit".

[3]) Zu Lamprecht's Bemerkungen (Jahrb. f. Nat. 68, 884), daß „die Regelmäßigkeit der Lebenswirkungen der Masse nothwendig ist" und „die physischen und sittlichen Lebensäußerungen großer Massen konstant" sind, vgl. neuerdings F. van Calker, Strafrecht und Ethik (1897) S. 7 ff.

sein. Freilich gesteht er selbst, daß die ersten Bände noch nicht ganz nach seinem System verfaßt sind. Und überhaupt ist dieses keineswegs rein empirisch aus der Erforschung der Deutschen Geschichte herausgewachsen. Es ist eine überaus luftige „schätzungsweise" Induktion, der sein System den Ursprung verdankt. Immerhin müssen wir bei dessen Prüfung die „Deutsche Geschichte" mit hinzunehmen. Zunächst ein Wort zu ihrer allgemeinen Charakteristik.

V.

Über den Werth von Lamprecht's Deutscher Geschichte herrscht in wissenschaftlichen Kreisen heute wohl nur eine Stimme[1]. Der Verfasser besitzt einen offenen Sinn, ein Talent der schnellen, aber, wie es scheint, nur der flüchtigen Orientirung. Der Vorzug seines Buches liegt in der Berücksichtigung der verschiedensten Seiten der Kulturentwicklung. Ob die von ihm in dieser Hinsicht vorgenommene Stoffvertheilung zweckmäßig ist, darüber gehen die Ansichten auseinander. Nehmen wir an, es liege hierin ein Vorzug, so würde es sich doch nur darum handeln, daß Lamprecht (ob als erster, lassen wir dahingestellt) einen guten Plan für die Darstellung der Deutschen Geschichte (auch bloß im Rohen) entworfen habe. Die Ausführung ist so, daß sie jeder Beschreibung spottet.

Es soll Lamprecht nicht zum Vorwurf gemacht werden, daß er die Darstellungen anderer benutzt hat[2]. Bei der heutigen Spezialisirung der Wissenschaft ist ja jeder, der ein größeres Gebiet, einen größeren Zeitraum schildern will, auf Verwertung fremder Arbeiten angewiesen. Eine Darstellung der deutschen Geschichte, die auf eigene

---

[1] Vgl. die Besprechungen in der H. Z. 71, 465 ff. (von mir) und 77, 385 ff. (von Lenz), ferner die von Nachfahl, Finke, Oncken, angeführt bei Oncken, Preuß. Jahrb. 89, 83 ff. und in der Schrift: Lamprecht's Vertheidigung (Berlin 1898), S. 12 (daselbst sind auch weitere kritische Stimmen, Haller, Fester, Heyck u. s. w., verzeichnet). Es gehört zu den völlig in der Luft schwebenden Behauptungen Lamprecht's, daß seine Kritiker einer bestimmten „Clique" angehören. Dagegen f. Oncken's Schrift S. 12 Anm. 1.

[2] Auf die Frage, ob er überall das geistige Eigenthum anderer Forscher genügend anerkannt hat, gehen wir hier nicht ein. Nur so viel mag bemerkt werden, daß es einen eigenthümlichen Eindruck hinterläßt, wenn er, der die bisherige Geschichtschreibung so ziemlich in Bausch und Bogen für rückständig erklärt, seine Darstellung ganz überwiegend auf sie stützt.

Quellenstudien verzichtet, kann heute schon einen hohen Werth beanspruchen, wenn sie nur auf präziser Zusammenfassung des von der bisherigen Forschung Festgestellten beruht Hätte Lamprecht wenigstens die vorliegenden Arbeiten gewissenhaft benutzt! Allein gerade daran mangelt es. Man darf wohl behaupten, daß nie ein deutscher Universitätsprofessor ein Buch von größerer Flüchtigkeit verfaßt hat. Die vorhandene Literatur ist unglaublich schlecht verarbeitet; Lamprecht hat auch solche Bücher ausgeschrieben, die jeder andere Bedenken tragen würde zu benutzen. Ein Kritiker hat von einer Partie bemerkt, sie „enthalte fast so viel Irrthümer als Sätze". Dies Urtheil gilt (mit sehr geringen Ausnahmen) von dem ganzen Buch. Auch mit den Abschnitten über Verfassungs- und Wirthschaftsgeschichte, die Lamprecht als seine eigentliche Domäne ansieht, steht es nicht besser[1]). Ranke verlangt von dem Historiker Kritik, Präzision, Penetration. Lamprecht's Deutsche Geschichte stellt das schreiende Gegentheil dar.

Was an dem Buche abstößt, ist aber keineswegs bloß der Umstand, daß die Fakta überwiegend unrichtig angegeben sind, daß das Urtheil äußerst selten zutrifft. Es ist in erster Linie der Mangel an sauberer Durchführung im Denken und in der Form, den der Autor zeigt. Lamprecht besitzt entweder nicht die Befähigung oder verschmäht es, einen Gedanken konsequent durchzudenken und reinlich zum Ausdruck zu bringen. Eine Unruhe, ein Abspringen, ein Hüpfen, eine Sucht, originell zu sein; die Gedanken nur halb ausgedrückt; eine gallertartige Zerflossenheit des Denkens; Vorliebe für vage Allgemeinheiten; verschwommen, verwaschen, verwischt; geschmacklose Wortbildungen[2]); geschmacklose Bilder; nirgends präzis, klar, reinlich — das ist Lamprecht's Art Man hat überall die Empfindung, daß er entweder schmiert, um schnell fertig zu werden, oder mit Gedanken

---

[1]) Den Abschnitt über die Entstehung des Städtewesens (also doch einen nicht unwichtigen Abschnitt!) z. B. nennt Uhlirz (Mitth. des Instituts 15, 516) eine „Sammlung der meisten in der Literatur über unsern Gegenstand verbreiteten Irrthümer". Zum Rechtshistoriker ist Lamprecht bei der Verschwommenheit seiner Auffassung gewiß am wenigsten geschaffen. Aber auch seine wirthschaftsgeschichtlichen Schilderungen sind vielfach phantastisch und entbehren jedenfalls der erforderlichen Exaktheit. Die Ansichten andrer gibt er hier ebenso wenig korrekt wieder wie in der Schilderung der politischen Geschichte. Vgl. z. B. Zeitschr. f. Sozial- und Wirthschaftsgesch. 5, 227 ff.

[2]) Vgl. z. B. H. Z. 71, 467. Wendungen, wie „besonders aussaugerisch gestaltetes Lehnswesen" (4, 155) sind ganz gewöhnlich.

spielt oder Advokatenkünste treibt. Diesen Hetzjagdstil wird man immer wiedererkennen. Aber es fehlt ihm, soviel Eigenthümlichkeiten er auch hat, ganz an Charakter. Wer erinnert sich, wenn er Lamprecht's Stil betrachtet, nicht an Buffon's Wort?

Von Lamprecht, der die geschichtliche Entwicklung nach bestimmten Anschauungen konstruirt, sollte man erwarten, daß er diese Konstruktion wenigstens konsequent durchführt. Man sollte namentlich erwarten, daß er das „Milieu", als dessen Produkt ihm die Personen erscheinen, mit Virtuosität zeichnet. Indessen nicht einmal seine Systematik bringt er mit Energie zur Geltung. Verwaschen ist auch hier alles. Die Personenschilderungen sind nie mit Liebe und Sorgfalt ausgearbeitet; oft wirken sie geradezu komisch.

Es ist bezeichnend — uns gewährt es Befriedigung —, daß das viel gerühmte Buch der „Moderne" in der Geschichtswissenschaft in vollendeter Häßlichkeit auftritt. Die Unfähigkeit zu künstlerischer Darstellung ringt mit der Gleichgültigkeit gegen das Thatsächliche um den Preis.

G. Blondel[1]) hat die schlechte Form von Lamprecht's Wirthschaftsle en als „deutsche" Art bezeichnet. Wir müssen den Franzosen den Vorrang inbezug auf Sorgfalt der Form lassen. Aber so tief stehen die Deutschen in stilistischer Hinsicht doch nicht, daß Lamprecht als ihr Repräsentant figuriren kann. Nur als Vertreter der deutschen Naturalisten, die im Gegensatz zu ihren französischen Brüdern sich durch Formlosigkeit auszeichnen, mag er vielleicht gelten. Ob sie ihn gelten lassen?

Die Menge des sachlich Verkehrten und die Schwammigkeit der Form in Lamprecht's Deutscher Geschichte müssen jeden mit gerechtem Unwillen erfüllen, der sich in der literarischen Verwilderung der Gegenwart noch etwas Geschmack bewahrt hat und der etwas Temperament besitzt. Daher zeigen viele Kritiken eine — ich möchte sagen — gereizte Stimmung, die vollkommen erklärlich ist, da Lamprecht's Buch den guten Geschmack zu sehr verletzt[2]).

---

[1]) Revue historique 35, 380 (un style abstrus).
[2]) M. E. kann man die unmittelbare Äußerung des lebhaften Unwillens über ein grundschlechtes Buch noch nicht persönliche Polemik nennen. Die spezifisch persönliche Polemik, d. h. die Hereinziehung des „moralischen" Moments in die wissenschaftliche Erörterung, ist das Werk Lamprechts gewesen. Er hat sogleich die erste (rein sachliche) Kritik seiner deutschen Geschichte mit einer

Mit der unglücklichen Gabe ausgestattet, immer etwas sagen zu können und zu müssen, hat Lamprecht eine Unzahl von Entgegnungen veröffentlicht. Sie gehören zu dem elendesten, was die literarische Polemik hervorgebracht hat. Theils bestehen sie in der persönlichen Verunglimpfung seines Kritikers, theils in kläglichen Bemäntelungen, die eines plumpen Advokaten würdig sind, theils darin, daß er sich gegenüber der Kritik seiner historischen Darstellung auf die angebliche Irrthumslosigkeit seiner Methode und Geschichtsphilosophie zurückzieht. Auf den Kern der Sache ist er nie eingegangen; widerlegt hat er niemand. Ein Kritiker hat sein Verfahren milde als die „Kunst, eine einfache Sache im Eifer der Rechtfertigung zu entstellen", bezeichnet. Lamprecht's unglücklichster Schachzug war es, daß er erklärte, eine zusammenfassende Darstellung der Deutschen Geschichte müsse so aus= fallen, wie sein Buch ausgefallen sei; insbesondere seine Methode nöthige dazu. Schlimm genug für die Methode! Daß eine zusammen= fassende Darstellung weit besser ausfallen kann, lehrt nicht bloß der große und der kleine Weber, jedes Schulbuch liefert den Beweis.

Dies also ist das klassische Werk der neuen Methode, das uns zum ersten Mal ein befriedigendes Bild von der gesetzmäßigen Ent= wicklung eines Volkes geben soll!

VI.

Der Kern der Theorie Lamprecht's ist in folgendem Satze ent= halten: Wie der biologische Prozeß des Einzelnen in bestimmten Stufen verläuft, so lassen sich auch Entwicklungsstufen der Massen, der Nationen feststellen, und diese folgen im Falle des vollen Aus= lebens der Massen, wie im Falle des vollen Auslebens des Einzelnen, mit verwandter Regelmäßigkeit aufeinander (Jahrb. f. Nat. 68, 885).

Wir haben es hier zunächst mit der Konstruktion einer biologischen Analogie zu thun. Lamprecht macht es denn auch Kant und Herder zum Vorwurf, daß sie den „biologischen Charakter der nationalen Entwicklung" so sehr verkannt haben (a. a. O. 69, 199). Nun sind die biologischen Analogien aus den Versuchen der organischen Staats= lehre[1]), die sich glücklich schätzte, einen Punkt im „Staatskörper" mit

---

schweren persönlichen Beleidigung beantwortet. Ich würde hierauf nicht ein= gehen, wenn nicht Lamprecht und seine Anhänger wiederholt das Gegentheil behauptet hätten.

[1]) Die Verdienste der Vertreter derselben sollen hiermit selbstverständlich nicht bestritten werden.

dem menschlichen Nabel vergleichen zu können, und neuerdings aus den Schwärmereien der Soziologie sattsam bekannt. Es ist nicht recht verständlich, wie sich ein Historiker heute noch auf diese Irrwege verlieren kann. Vergleiche zwischen dem Leben der Staaten und Völker und dem der „Organismen" sind nur zulässig, wenn man ein bloßes Bild geben will. Statuirt man aber einen Parallelismus oder gar die Identität beider, so begibt man sich auf den Boden der Spekulation[1]). Die biologische Erklärung beruht auf einer petitio principii. Günstigen Falls ist das Spiel mit biologischen Analogien dann nichtssagend und zwecklos.

Mit seiner biologischen Auffassung hängt es zusammen, daß Lamprecht von einem „vollen Ausleben" der Nationen spricht. Er nimmt eine „reguläre nationale Entwicklung" an (Jahrb. f. Nat. 68, 890). Nach ihm sind die Hauptobjekte der geschichtlichen Betrachtung die Völker mit voller typischer Entwicklung. Der „rein wissenschaftliche Standpunkt" sucht „abgeschlossene Entwicklungen" auf (Monatsblätter 2, 213). „In jedem normal entwickelten Volke kehrt die Reihenfolge der Kulturzeitalter in gleicher Aufeinanderfolge wieder" (Zukunft, 31. Juli 1897, S. 206).

Was ist nun wohl ein „normal entwickeltes Volk"? Wann dürfen wir das „volle Ausleben" einer Nation konstatiren? Kennt man eine Nation, die wirklich „voll ausgelebt" hat? Ist schon ein Volk nachweislich an Altersschwäche gestorben?

Lamprecht rühmt sich, wie wir bereits oben erwähnt haben, den Begriff der Nation zuerst in der geschichtlichen Auffassung zu rechter Geltung gebracht zu haben (vgl. Jahrb. f. Nat. 68, 890). Sein Irrthum ist nur aus einer Verwechselung erklärlich: weil sein veralteter Standpunkt heute nirgends mehr anerkannt wird, so glaubt er einen neuen Gedanken zu vertreten.

Die Anschauung von der isolirten Entwicklung der Nationen gehörte zu den Einseitigkeiten der historischen Rechtsschule. Darüber aber ist man längst hinausgegangen. Die Jurisprudenz hat erkannt, daß der nationale Ausgangspunkt und die beharrlichen Einflüsse der

---

[1]) Ein bezeichnendes Beispiel, wie die Anwendung biologischer Analogien auf die historische Darstellung direkt schädlich wirkt, s. bei Hintze, Jahrb. f. Gesetzgebung 1897, S. 784. Vgl. auch L. Stein, Wesen und Aufgabe der Soziologie, eine Kritik der organischen Methode in der Soziologie, S.-A. aus d. Arch. f. syst. Philos., Berlin 1898. Arnold, Kultur und Rechtsleben S. 8.

Volkseigenthümlichkeit allein keine Erklärung geben (Merkel S. 15). Die Geschichtschreibung hat bei aller Würdigung, die sie der großen Bedeutung der Nation zu Theil werden läßt, durch Ranke den Standpunkt der universalen Betrachtung gewonnen: die Völker stehen unter dem Einfluß der großen Weltverhältnisse. Es gibt gar keine „reguläre nationale Entwicklung" im Lamprecht'schen Sinne[1]). Wenn der Historiker sein Hauptaugenmerk vornehmlich nur auf „abgeschlossene Entwicklungen" richten wollte, so bliebe ihm wenig zu thun. Lamprecht beschränkt sein Arbeitsfeld ganz willkürlich. Nicht vornehmlich das „abgeschlossene" darf der Historiker berücksichtigen; er hat die Verkettung der Dinge, das, was die „Abschließung" hindert, mit dem gleichen Eifer aufzuspüren.

Schon hiermit fällt die Lamprecht'sche Konstruktion der nationalen Entwicklungsstufen. Widmen wir ihr jedoch noch etwas Aufmerksamkeit, da Lamprecht sie für das Hauptresultat seines wissenschaftlichen Strebens erklärt[2]).

Die Entwicklung des deutschen Volkes in geistiger Beziehung hat sich nach Lamprecht in folgenden Stufen vollzogen: es lösten einander ab die „Kulturzeitalter" des Animismus (Urzeit), Symbolismus (bis zum 10. Jahrh.), Typismus (10.—13. Jahrh.), Konventionalismus (13.—15. Jahrh.), Individualismus (15.—18. Jahrh.), Subjektivismus (19. Jahrh.). Die Zeitalter der geistigen Kulturentwicklung sind aber „mit der chronologischen Abgrenzung der Zeitalter der materiellen Kultur grundsätzlich identisch". Es besteht ein „innerer Zusammenhang aller sozialpsychischen Faktoren" (D. Ztsch. f. Gw. 1, 129 f.). Lamprecht konstruirt demgemäß auch sechs entsprechende Zeitalter der

---

[1]) Was Hintze a. a. O. gegen die Ansicht geltend macht, daß jedes Staatswesen normaler Weise eine besondere, in sich abgeschlossene Entwicklung durchmache, die von inneren Lebensgesetzen bedingt sei, das gilt auch gegen Lamprecht's Theorie, wenn man statt Staatswesen Volk setzt. — Lamprecht leugnet übrigens nicht, daß Berührungen der Völker stattfinden (er spricht von Renaissancen, Rezeptionen und „Diosmosen"). Allein es verhält sich hiermit wie mit seiner Werthschätzung der Persönlichkeit. Beide Dinge tarirt er so gering, daß sie praktisch bei ihm so gut wie gar nicht in Betracht kommen.

[2]) Immer wieder kommt er darauf zurück, daß dies der Kern seiner Auffassung sei, unter Bemerkungen über den „geistigen Horizont" seines Gegners. Zwei Streitschriften S. 58 Anm.

wirthschaftlichen Kultur, die so komische Namen haben, daß ich um ihretwillen keine Druckerschwärze verschwenden will.

Der Leser lächelt über diese wunderlichen Eintheilungen. So schlechte geschichtsphilosophische Konstruktionen hat doch nie jemand aufgestellt. Wie kann man für die einfache Thatsache, daß im Mittelalter das individuelle Leben und Denken strenger gebunden ist, einen so abstrusen Ausdruck finden! Es ist noch zu viel Ehre, wenn man mit Rücksicht auf jenes Schema von „jener matten, abgeblaßten Form der Abstraktion und Generalisation" spricht, „die, ein Erbtheil längst vergangener Zeit, nirgends weniger am Plaze ist, als wo es gilt, mit künstlerischem Geschick das Bild der Vorzeit zu entwerfen"[1]). Man glaubt es mit Spielereien, nicht mit wissenschaftlichen Erörterungen zu thun zu haben. Scherer (S. 629) sagt von Hegel, daß er „gewisse äußerliche Beobachtungen über den geschichtlichen Werdeprozeß geschickt formulirte und generalisirte". Läßt man das Wort „geschickt" fort, so ist ungefähr Lamprecht gezeichnet[2]).

---

[1]) Uhlirz, D. L.=Z. 1897, Sp. 1977.

[2]) Es kann hier nicht unsere Aufgabe sein, zu untersuchen, von welchen verschiedenen Seiten die Ansicht von der allmählichen Befreiung des Individuums aufgestellt worden ist, ebenso wenig, sie in allen Beziehungen auf ihre Richtigkeit zu prüfen. Ohne Zweifel kommt in erster Linie Hegel's Auffassung in Betracht, der Inhalt der Geschichte bestehe darin, daß sich der Weltgeist in bestimmten Stadien zum Bewußtsein seiner Freiheit entwickle. Um eine unparteiische Stimme zu wählen, so schildert Merkel S. 17 sein Princip als das Bestreben, „das eigenthümliche Wesen einer Institution auf eine bestimmte Entwicklungsstufe, wohl auch die gesammte, eigenthümliche Kultur der Völker und Zeitalter auf bestimmte Stufen menschheitlicher Entwicklung zu beziehen.... Abhängigkeit auch der wissenschaftlichen Erkenntnis von der Entwicklungsstufe des in der Geschichte sich entfaltenden Geistes". Man sieht, Lamprecht, dessen System dem Hegel'schen gar nicht so unähnlich ist (wenn es auch auf das letztere erst in sehr vielfacher Ableitung zurückgeht), hat kein Recht, gegen die spekulative Philosophie zu deklamiren. Er bietet nur eine, und zwar eben recht ungeschickte, Variation des alten Themas. Hierbei ist noch etwas anderes merkwürdig. Wenn man den Fortschritt und die Steigerung des Individualismus im geschichtlichen Verlauf betonen will (in gewissen Grenzen es zu thun, ist man ja genöthigt), so muß man auch den erstarkenden Einfluß, den das Individuum auf die Mitwelt gewinnt, hervorheben (so Ed. Meyer a. a. O. S. 13 f.). Dies unterläßt Lamprecht, der doch die Steigerung des Individualismus geradezu zum beherrschenden Princip der Eintheilung der historischen Entwicklung macht. Nach ihm

Gegenüber dem Lamprecht'schen Schematismus mag an die Worte zweier wahrer Historiker erinnert werden. Justi[1]) spottet über die Art, wie man nach bekanntem „synthetischem" Rezept historische Konstruktionen, historische Eintheilungen mache, wozu kein besonderes Studium der Quellen gehöre. Sybel[2]) bemerkt zu den Schlagworten, die Lassalle (doch mit weit mehr Geschmack als Lamprecht) zur Charakterisirung historischer Perioden fabrizirte: „Dergleichen macht Nichteingeweihten nicht selten den Eindruck überlegenen Tiefsinns: in Wahrheit sind es Formeln, die eine gewisse Berechtigung haben, im besten Falle aber nur einzelne sehr beschränkte Seiten der Thatsachen und Zustände abspiegeln."

Gehen wir von diesen allgemeinen Bemerkungen zu einer Kritik im einzelnen über, so beruht zunächst der behauptete Parallelismus der geistigen und der wirthschaftlichen Entwicklungsstufen auf einer nicht bloß unbewiesenen, sondern direkt irrigen Voraussetzung. Die Höhe der wirthschaftlichen Leistungen ist keineswegs unter allen Umständen der Höhe der gesammten Kultur proportional. Eine sehr reiche Entfaltung der wirthschaftlichen Kultur findet sich bei Völkern, die in der allgemeinen Kultur verhältnismäßig tief stehen, und umgekehrt[3]). Die Verbreitung der Volksbildung steht nicht in nothwendigem Zusammenhang mit den industriellen Fortschritten, die ein Volk macht. Nicht einmal die einzelnen Theile der wirthschaftlichen Kultur hängen unbedingt zusammen.

Allerdings, ein gewisser Zusammenhang der verschiedenen Seiten der Kultur, der „sozialpsychischen Faktoren" ist nachweisbar. Damit sagt uns aber Lamprecht durchaus nichts Neues. Carrière hat längst, und zwar bereits ganz populär, über die Kunst im Zusammenhang der Kulturentwicklung geschrieben[4]). Es sei hier nur an die oben[5])

---

vollzieht sich die Befreiung des Individuums im wesentlichen nur im Denken, nicht im Handeln. Nach ihm vermag auch in der späteren Zeit der Einzelne gegenüber der Umwelt praktisch so gut wie nichts auszurichten.

[1]) Murillo S. 162.
[2]) Vorträge und Aufsätze (1874), S. 109.
[3]) Vierkandt, H. Z. 80, 94.
[4]) Über die Geschichte des „schöpferischen Gedankens von dem Zusammenhang der Kultur der einzelnen Stämme mit der Blüte der einzelnen dichterischen Gattungen" (F. Schlegel, Böckh, Ottfried Müller) s. Dilthey, Schleiermacher 1, 218. Der Zusammenhang der Kunst mit der allgemeinen Kultur wird auch schon von G. Forster, Sämmtl. Schriften 5, 239 betont.
[5]) S. oben S. 212 (Kleine histor. Schriften 1, 346 f.).

mitgetheilte Äußerung Sybels über die Art der historischen Studien seit dem Anfang unseres Jahrhunderts erinnert. Hatte die historische Rechtsschule den Zusammenhang des Rechts mit Sitte und Moral betont, so hat sie „in ihren jüngsten Repräsentanten (W. Arnold, NB! einem Schüler Ranke's) auch den zwischen Recht und Wirthschaft betont. Das Verhältnis der letzteren zu einander ist das beständige Angenmerk der historischen Schule der Nationalökonomie"[1]. Wie oft Historiker auf die Förderung der allgemeinen Kultur z. B. durch die Entwicklung von Handel und Gewerbe hingewiesen haben, braucht hier nicht auseinandergesetzt zu werden[2]. Schon lange vor Lamprecht hat man die Kreuzzüge auf „wirthschaftliche Ursachen" zurückgeführt. Sybel sagt in seiner Rede vom Jahre 1856 (S. 348) über die deutsche Historiographie seit dem Beginn unseres Jahrhunderts: „Die Geschichte der ökonomischen Verhältnisse wurde ebenso wichtig wie jene der diplomatischen Verhandlungen." Die Sache ist uns also ganz geläufig, nichts weniger als neu. Neu ist nur die dogmatische, schematische, plumpe, brutale Formulirung, die Lamprecht dem alten Gedanken gegeben hat, die Übertreibung desselben dahin, daß ein unmittelbarer, zwingender Zusammenhang behauptet und bis in's Einzelnste konstruirt wird[3]. Die Idee, die ihn beherrscht, hat, im Verein mit seiner Flüchtigkeit, in seiner „deutschen Geschichte" große Geschmacklosigkeiten und Irrthümer hervorgebracht[4].

Wenn wir die technischen Ausdrücke betrachten, mit denen Lamprecht seine Kulturzeitalter benennt, so bemerken wir, daß er

---

[1] Merkel S. 14. Stammler S. 641.

[2] Ob die Geschichtsforschung ihre Aufmerksamkeit nicht noch mehr als bisher auf die Aufsuchung wirthschaftlicher Motive zu richten hat, kann hier unerörtert bleiben. Unbekannt sind ihr diese Dinge auch bisher jedenfalls nicht gewesen. Und vor allem darf sie nicht auf den unbewiesenen Parallelismus des Lamprecht'schen Systems schwören.

[3] Über Lamprecht's Verhältnis zur materialistischen Geschichtsauffassung der Sozialisten s. unten. Von diesen muß man sagen, daß sie nicht in so plumper, äußerlich schematischer Weise den Zusammenhang dargestellt haben. Bei ihnen ist etwas mehr Geschmack vorhanden; sie entwickeln mehr, während Lamprecht vorzugsweise klassifizirt. — Vierkandt, Naturvölker und Kulturvölker S. 9 Anm. 1 macht auch eine Einwendung gegen Lamprecht.

[4] Vgl. die Kritik von Lenz, a. a. O. und Rachfahl, Jahrbücher f. Nat. 68, 686 ff. Es sei hier auch auf die weiteren Argumente verwiesen, die Rachfahl gegen Lamprecht's Stufentheorie geltend macht. S. ferner Schnürer, Hist. Jahrb. 1897, S. 102 f. Finke, Genet. u. klerik. Geschichtsauffassung S. 29.

offenbar unter der faszinirenden Wirkung des Fremdworts steht. Wo ein Gedanke fehlt, da stellt sich ein Wort ein, am besten ein Fremdwort; es klingt so schön. In dem Kultus des Fremdworts hat sich Lamprecht vollkommen berauscht. Er wiederholt immer seine -ismen, sucht aber nicht zu Begriffen vorzudringen. Von einem konsequenten Durchdenken seines Systems ist hier so wenig wie anderswo etwas zu spüren.

Wie kann man ein besonderes Zeitalter des „Typismus" konstruiren! Was ist typisch? Jede Generation empfindet die Naturauffassung der früheren als typisch, weil sie selber die Natur genauer sehen, individueller auffassen gelernt hat[1]). Warum soll nur ein Zeitalter das konventionelle heißen? Konventionelles Wesen gibt es zu allen Zeiten. Tritt dann und wann das konventionelle Element in den Vordergrund, so begegnen uns in der Geschichte eines Volkes solche Abschnitte mehrfach. Das 18. Jahrhundert (genauer etwa die Zeit von Ludwig XIV. bis zu Rousseau) kann in der europäischen Geschichte mindestens mit demselben Rechte die Zeit des Konventionalismus heißen wie ein Abschnitt des Mittelalters[2]). Mit dem Begriff des Symbolismuszeitalters im Gegensatz zu den anderen Begriffen ist gar nichts anzufangen. „Subjektivismus" müßte ein gesteigerter Individualismus sein; Lamprecht hat sich über das Verhältnis beider bezeichnenderweise nicht näher ausgelassen. Wer könnte aber behaupten, daß das 19. Jahrhundert gegenüber dem 18. eine Zeit des gesteigerten Individualismus sei! Die Überwindung des Rationalismus durch die Romantik bedeutet doch keinen Sieg des Individualismus! Freilich, wir wissen, daß Lamprecht die romantische Schule nicht kennt; er läßt ja auch Ranke einen Sohn der „rationalistischen Psychologie" des 18. Jahrhunderts sein — das $\pi\varrho\tilde{\omega}\tau o\nu$ $\psi\varepsilon\tilde{\upsilon}\delta o\varsigma$ seines Systems! Das Jahrhundert der nationalen Idee, des nationalen Fanatismus, des glänzenden Aufschwungs der katholischen Kirche, der Einführung der Schutzzölle, der sozialen Zwangsmaßregeln, ein Jahrhundert des gesteigerten Individualismus! Vielleicht hat Lamprecht an den Anarchismus gedacht; als ob dieser nicht auf einem

---

[1]) Konrad Lange, Lit. Centralbl. 1897, S. 181.
[2]) Lamprecht nennt die Zeit vom 13 bis 15. Jahrhundert die Periode des Konventionalismus. Anwendbar wäre der Ausdruck nur etwa auf das 12. und 13. Jahrhundert. Für den Abschnitt von da an bis zum Individualismus des 16. Jahrhunderts müßte Lamprecht noch einen neuen -ismus erfinden.

eigenthümlichen dogmatischen System[1]) ruhte! Zweifellos haben wir im „Individualismus" Rückschritte gemacht[2]). Das Amüsanteste ist, daß Lamprecht selbst immerfort erzählt, heute komme die „kollektivistische" Anschauung zur Geltung, und beständig die „individualistische" sterben läßt — im Zeitalter des gesteigerten Individualismus! Wir erwarten von ihm demnächst eine eingehende Erörterung über den Individualismus der Tiroler des 18. Jahrhunderts im Verhältnis zu dem Subjektivismus der Tiroler des 19. Jahrhunderts. Bis wir uns aus ihr belehren können, halten wir seinen „Subjektivismus" für eine tiefsinnig sein sollende Phrase, mit der sich gedankenlose Köpfe erfüllen mögen.

Wenn wir aber zweifellos im „Individualismus" Rückschritte gemacht haben, so fragt es sich, zu welchem =ismus wir zurückgekehrt sind. Nach Lamprecht's Schema müßte es der „Konventionalismus" sein! Man sieht wieder, daß diese =ismen gar keine allgemeine Anschauung von den Zeitaltern geben. Wir können nur nochmals auf Sybel's abfälliges Urtheil verweisen.

Die beste Kritik des Dogmas ist seine Geschichte. Lamprecht hat selbst die Entwicklungsgeschichte seiner Theorie geschrieben[3]). Wir brauchen sie nur mit etwas kritischem Auge zu betrachten. Im Jahre 1882 veröffentlichte Lamprecht ein Buch über die Initialornamentik des 8. bis 13. Jahrhunderts. Er bemerkte da allerlei Typisches, Symbolisches, Konventionelles. Daß so etwas in der Kunstgeschichte eine Rolle spielt, war zwar kein Geheimnis mehr. Aber Lamprecht's Art ist es, immer von dem Gesichtswinkel derjenigen Gedanken aus, mit denen er sich gerade beschäftigt, die Welt zu betrachten, und so glaubte er nun offenbar mit jenen Dingen einen wichtigen Beitrag zur Lösung des Welträthsels gefunden zu haben. Das ist der eine Ausgangspunkt. Der andere ist darin gegeben, daß Lamprecht J. Burckhardt's Italienische Renaissance „kennen lernte" (wie es scheint, später, als sonst ein Historiker sie heute kennen lernt), in der von

---

[1]) Ebenso wie vielfach der Materialismus. Vgl. Kaftan, Preuß. Jahrbücher 82, 402 ff.

[2]) Vierkandt, H. Z. 80, 282: „Seit wir dem Individualismus der Aufklärung entronnen sind, vermag keine Erörterung über die Aufgaben des sittlichen Lebens sich mehr der Einsicht zu entziehen, daß die höchsten sittlichen Aufgaben nicht dem Individuum, sondern der Sphäre der Gesammtheit angehören."

[3]) Deutsche Zeitschr. f. Geschichtsw. N. F. 1, 127 ff.

einer Zeit des Individualismus die Rede ist. Damit hatte er sein Material: die typischen, symbolischen, konventionellen Formen in der Kunstgeschichte einerseits, den von Burckhardt geschilderten Individualismus andrerseits. Nun waren diese -ismen freilich zu gering an Zahl für den ganzen Zeitraum der Deutschen Geschichte. Deshalb wurde noch der Animismus — vorne vor — und der Subjektivismus — hinten nach — fabrizirt. Der dritte Ausgangspunkt ist darin gegeben, daß Lamprecht seine Dissertation über ein wirthschafts=geschichtliches Thema verfaßt hatte und diesen Studien dann auch treu blieb. Man hat Einfluß von Marx bei ihm vermuthet[1]). Weit gefehlt! Lamprecht erwähnt in seiner Biographie nichts davon, und es findet sich in seinen älteren Arbeiten auch keine dahingehende Andeutung. Systematische, philosophische Studien (s. v. v.) scheint er erst getrieben zu haben, seitdem die Kritiken auf seine „Deutsche Geschichte" hiederregneten. Was ihn zu der großen Betonung des wirthschaftlichen Moments bestimmt hat, ist augenscheinlich nur die Überzeugung gewesen, daß die wirthschaftsgeschichtlichen Arbeiten, mit denen er sich beschäftigte, doch selbstverständlich von der allerhöchsten Wichtigkeit sein müßten.

Der Punkt, von dem aus er die Entwicklung des deutschen Volkes vornehmlich konstruirt, ist der Individualismus der Humanisten=zeit. Also J. Burckhardt würde sein eigentlicher Lehrmeister sein[2]).

---

[1]) L. Stein, Soziale Frage S. 401: Die Lamprecht'sche Richtung „hat von Marx doch wohl mehr gelernt, als sie sich selbst eingestehen mag." Natürlich soll nicht bestritten werden, daß Lamprecht aus dritter oder vierter Hand, etwa durch die Zeitungen, von der heute vielfach üblichen Zurück=führung der historischen Vorgänge auf wirthschaftliche Motive erfahren hatte.

[2]) L. Stein, a. a. O. verweist mehrmals auf die durch Lamprecht ver=tretene neuere Richtung der Geschichtswissenschaft und citirt (S. 752) eine Äußerung von ihm über die Gebundenheit des Menschen im Mittelalter. Er erweckt dadurch den Anschein, als ob die betr. Erkenntnis Lamprecht verdankt werde. Indessen es handelt sich hier ja nur um eine Paraphrase des Burckhardt'schen Gedankens. — Breysig, der von dem Schema des Indi=vidualismus gleichfalls umfassenden Gebrauch macht, legt großen Werth darauf, daß er unabhängig von Lamprecht zu seinem Standpunkt gelangt sei, und erinnert (übrigens vollkommen mit Recht) daran, daß der Gedanke sehr alt, namentlich schon von H. Leo vertreten worden sei (Jahrbuch f. Gesetzgebung 1896, S. 1128. 1140). Seine Unabhängigkeit von Lamprecht in dieser Beziehung ist ganz zweifellos; nur wäre es nicht nothwendig ge=wesen, sie zu betonen, da die Burckhardt'sche Idee doch heute wahrlich kein Geheimnis ist.

Seltsam ist dabei nur, daß er gar nicht zu bemerken scheint, wie dessen Auffassung den äußersten Gegensatz zu seinen stark materialistischen Anschauungen bildet, wie er den brauchbarsten seiner Gedanken von einem Historiker entlehnt hat, der mit seiner ganzen Art nichts gemein hat, dem sie unsympathisch gewesen wäre[1]).

Burckhardt hat den Gedanken, daß mit dem Aufkommen des Humanismus ein Zeitalter des Individualismus beginne, in überaus geistvoller Weise durchgeführt. Sein Buch gehört zu den klassischen Werken der deutschen, der allgemeinen historischen Literatur. Es ist ein wahres Kunstwerk, so rein und abgeschliffen in allen seinen Theilen. Nur freilich hat die Absicht des Verfassers, ein Kunstwerk zu schaffen, ein ganz klein wenig das Streben nach schlichter Ermittlung des Thatsächlichen überwogen[2]). Um ein abgerundetes, in sich geschlossenes Kunstwerk zu geben, hat er eine Erscheinung etwas zu sehr isolirt. einiges von den Zusammenhängen, die thatsächlich bestehen, ignorirt, „Er betont ... in zu starkem Maße die Unfähigkeit des Mittelalters, die Persönlichkeit auszubilden, sie zu würdigen und zu schildern. ... Dante ging in seiner Rechnung nicht auf, die den scharfen Trennungsstrich zwischen Mittelalter und Neuzeit zieht[3])." Lamprecht hat aber

---

[1]) Gothein, Preuß. Jahrbücher 90, 6: „Er hätte mit Recht lebhaft protestirt, wenn ihm jemand die Weltgeschichte als einen Wirthschaftsprozeß hätte vordemonstriren wollen. J. Burckhardt war von Grund aus ein idealistischer Historiker; und das wird seine Stellung in der Entwicklung unserer Wissenschaft bleiben, daß er mehr als irgend ein anderer den grundlegenden Ideen eingeräumt, die Geschichtsbetrachtung von ihnen abhängig gemacht hat; oder wer an dem Worte Ideen Anstoß nimmt, sage: den durchgehenden Zeitströmungen, Gedankenrichtungen, Lebenszielen, Weltanschauungen. Wenn irgend einer, so war er ein philosophischer Historiker, aber eben deshalb hielt er sich von aller geschichtsphilosophischen Konstruktion weit entfernt. Er lauschte auf die Stimme der Geschichte, er wollte ihr aber nicht seine Meinung diktiren. Sein Lebenszweck war, dem Werdegang des Denkens, Empfindens und Schaffens in der Kultur der einzelnen Nationen nachzuspüren, aber er zog sich hieraus die Lehre, daß sich dieser unendlich reiche Organismus nicht nach Formeln deduziren lasse, und daß, wenn es historische Gesetze gibt, sie nicht mit den groben Werkzeugen vermeintlich sicherer ökonomischer und psycho-physischer Doktrinen festzunageln sind."

[2]) Selbstverständlich mache ich hiermit nicht das mindeste Zugeständnis an die Ansicht, daß der Historiker nicht Künstler sein solle. Vgl. GGA. 1892, S. 284.

[3]) Gothein, a. a. O. S. 9. 20.

nicht nur die Einschränkungen, die dem Burckhardt'schen Bilde zu geben sind, nicht gewürdigt; er hat vor allem das Burckhardt'sche Schema vergröbert und bis zur Trivialität breit getreten. Er hat ferner nicht beachtet, daß der von Burckhardt geschilderte Individualismus keineswegs eine weiterhin sich ununterbrochen fortsetzende Bewegung einleitet. Man nennt mit Recht die Renaissance eine „Hochflut des Individualismus". Darin liegt ja schon die Andeutung, daß es sich um keine gleichmäßig fortschreitende Entwicklung handelt. Und in der That bedeuten die (von Burckhardt noch selbst angedeutete!) Hispanisirung Italiens und die Gegenreformation einen wesentlichen Rückgang des Individualismus. Wer wird denn behaupten, daß die Italiener des 17. Jahrhunderts noch ebenso große „Individualisten" sind wie die Zeitgenossen Alexander's VI. oder Leo's X.? Wer wird leugnen, daß die Österreicher unter der Regierung Leopold's I. weniger individualistisch gesinnt sind als Tschernembl und seine Zeitgenossen oder gar als die Deutschen zur Zeit des Celtis und Mutian? Hier haben wir zweifellos einen fortschreitenden Rückgang des Individualismus zu konstatiren. Die Beispiele dafür, daß das Schema Lamprecht's dem geschichtlichen Verlauf nicht gerecht wird, ließen sich noch sehr vermehren (man denke an Spanien!). Wir haben vorhin bei der Beurtheilung des „Kulturzeitalters des Subjektivismus" auch schon bemerkt, daß nach der neuen „Hochflut des Individualismus", die der Rationalismus des 18. Jahrhunderts darstellt, wieder ein Rückgang folgt. Es geht eben mit dieser Bewegung auf und ab, nicht ständig vorwärts. Es gibt nichts Thörichteres, als das Wesen des 17. Jahrhunderts, wie es sich auf dem europäischen Kontinent präsentirt, darin zu sehen, daß es zu dem „Zeitalter des Individualismus" gehört. Wir wollen dabei gar nicht bestreiten, daß Errungenschaften der Humanistenzeit und der Reformation auch im 17. Jahrhundert erhalten geblieben sind. Allein zum mindesten bleibt es eine arge Geschmacklosigkeit, all' die verschiedenen Bewegungen vom Ausgange des Mittelalters bis zum Ende des 18. Jahrhunderts in einen Topf zu werfen und mit dem einen Schlagwort „Individualismus" zu benennen. Was hat denn die Geschichtsforschung für einen Zweck, wenn sie nur abgeblaßte Begriffe, Vorstellungen, die halb wahr sind und noch dazu des realen Inhalts entbehren, mittheilt? Freilich, wir befinden uns hier auf dem Gebiete des Geschmacks; in Geschmacksfragen herrscht eben nur der Geschmack. Lamprecht besitzt den Muth der Trivialität. Da die Zahl derjenigen, deren Herz durch Trivialitäten leicht entzündet wird, sehr groß ist, so wird der Fürst in diesem Reiche immer eine stattliche Heerschar um sich versammeln.

Soviel über den Schematismus Lamprecht's. Welches sind nun aber die Momente, die nach ihm den Fortschritt der Entwicklung, die Aufeinanderfolge der „Kulturzeitalter" verursachen? In seinem Sinne werden wir hier zunächst an das Kausalitätsgesetz — wie Stammler (S. 362) spottet, an die „magische Kraft" desselben — zu denken haben. Sodann kommt (was damit theilweise zusammenhängt) seine biologische Auffassung in Betracht: wir müssen nach ihm (s. oben S. 208) an „das beständige Wachsthum der psychischen Energie des nationalen Wirkens" glauben: auf Grund desselben „gehe immer die eine Entwicklungsstufe kausal aus der anderen hervor". Wir halten diese Erklärung für eine nichtssagende biologische Analogie, die thatsächlich gar nichts erklärt[1]). Lamprecht glaubt daran. Was ist dagegen zu thun?

Der Sicherheit wegen hält aber Lamprecht neben seinem biologischen Glauben auch noch Beweismittel in Bereitschaft. Er entnimmt sie einer Auffassung, die man als eine materialistische bezeichnen muß. Der Fortschritt in der geschichtlichen Entwicklung wird nach ihm erreicht vornehmlich durch einen Fortschritt in der wirthschaftlichen Entwicklung. Er hat sich feierlich gegen den Vorwurf des Materialismus verwahrt. Es ist richtig, daß er nicht Marxist ist. Allein den Vorwurf des Marxismus hatte ihm auch niemand gemacht[2]). Materialistisch ist aber jedenfalls seine Anschauung. Er motivirt zwar nicht

---

[1]) Man denke z. B. an den vorhin erwähnten Vorgang der Hispanisirung Italiens, der für die geistige Bewegung Europas höchst folgenreich ist. Wie erklärt er sich biologisch?

[2]) Nachdem ihn mehrere gegen den Vorwurf des reinen Materialismus vertheidigt, sieht er sich jetzt selbst zu der Erklärung genöthigt (Zukunft, 31. Juli 1897, S. 200), daß niemand ihm den Marxismus vorgeworfen habe. Wenn er sodann (ebenda S. 201) tadelnd von den „sozialdemokratischen Atheisten" spricht, so macht ein solches Urtheil keinen guten Eindruck bei einem Autor, der sich wiederholt so ausgedrückt hat, als ob er mit der bloßen Entwicklungstheorie das ganze Welträthsel lösen wolle und der die materiellen Momente so sehr betont. Überdies verdankt Lamprecht einen großen Theil seiner relativen Beliebtheit seiner materialistischen Anschauung, resp. seiner Hinneigung zu dieser. Vgl. L. M. Hartmann, a. a. O.; Ehrenberg, Zeitalter der Fugger 1, III f. Von sozialdemokratischer Seite (Neue Zeit, 13. Nov. 1897, S. 195 f.) wird ihm freilich neuerdings in erster Linie sein Eklektizismus

alles mit wirthschaftlichen Motiven. Indessen die Marxisten lassen auch nicht überall unmittelbar wirthschaftliche Motive wirksam sein; als unmittelbare sehen sie oft politische, religiöse an. Jedenfalls hat Lamprecht — und dies ist für die wissenschaftliche historische Forschung das wichtigste — das mit den konsequenten Materialisten gemein, daß er willkürlich, viel zu häufig[1]), mit erkennbarer Tendenz, ohne die

zum Vorwurf gemacht. Es wird konstatirt, daß Lamprecht „unter den bürgerlichen Historikern sich am meisten dem historischen Materialismus genähert hat". Aber „er wagt nicht rücksichtslos mit der ideologischen Geschichtsauffassung zu brechen, ... kämpft mit schwächlichen Halbheiten ... Für eklektische Spielereien ist der historische Materialismus nicht zu haben." — Ehrenberg's programmatische Erklärung, a. a. O., ist übrigens sehr vag und allgemein gehalten. Wenn er versichert, das Wirken idealer Motive in der Geschichte nicht leugnen zu wollen, so ist mit einer solchen Versicherung noch nichts gesagt. Es kommt darauf an, ob man sich zu einer Auffassung von der naturgesetzlichen historischen Entwicklung, wie sie Lamprecht vertritt, bekennen will: in ihr hat jedenfalls „das Wirken idealer Motive" keinen Platz, resp. sie spielen hier nur eine „schwächliche" Rolle. In der Praxis ist Ehrenberg sachlicher als im Programm. Von der Übersiedlung des Verkehrs von Brügge nach Antwerpen bemerkt er (2, 3), daß sie „durch ein Zusammenwirken politischer, wirthschaftlicher und sonstiger Momente herbeigeführt" worden ist. Einen eigenthümlichen Eindruck macht es, daß diejenigen, gegen die sich Ehrenberg in der Behandlung seines Themas besonders wendet, Janssen und — der viel gerühmte Lamprecht sind. — P. Barth kommt in seiner Kritik des Marxismus auch auf die Entstehung der Landesherrlichkeit zu sprechen. Er will hier die materialistische Auffassung durch Berufung auf die Ansicht Lamprecht's über die Entstehung der Landeshoheit widerlegen. Da leistet ihm nun sein Mentor den allerschlechtesten Dienst. Wäre Lamprecht's Ansicht richtig (sie ist allerdings verschwommen, „eklektisch", wie alles, was er sagt), so könnte man in diesem Falle gegen den Marxismus nichts einwenden. Aber Lamprecht hat nicht Recht; seine Ansicht ist von Grund aus verkehrt (H. Z. 63, 294 ff.; Metzen, Die ordentlichen direkten Staatssteuern des Mittelalters im Fürstbisthum Münster i. W., 1895). Und weil Lamprecht nicht Recht hat, so hat auch der Marxismus nicht Recht. Daß die angeblich so „tiefe wirthschaftsgeschichtliche" Auffassung Lamprecht's thatsächlich oft eine Gedankenlosigkeit bedeutet, habe ich schon in der Zeitschr. f. Soz.- u. Wirthschaftsgesch. 1, 359 f. hervorgehoben.

[1]) Sogar ein Anhänger Lamprecht's hält sich im Liter. Centralbl. 1894, Sp. 1797 darüber auf, daß Lamprecht die Loslösung der Schweiz und Flanderns vom deutschen Reiche auf wirthschaftliche Motive zurückführt. Vgl. ferner Meinecke, H. Z. 77, 266.

in der Wissenschaft erforderliche Zurückhaltung, wirthschaftliche Motive unterschiebt. Über die Frage, ob, wenn man überhaupt materialistischen Anschauungen huldigt, nicht der konsequente Materialismus den Vorzug verdient, sowie über die Berechtigung des Materialismus im allgemeinen[1]) zu streiten, ist hier nicht der Ort.

VII.

Wir haben Lamprecht's System im vorstehenden wohl annähernd vollständig dargestellt[2]). Es hat sich ergeben, daß das, was in ihm richtig ist, durchaus nicht neu, und das, was es neues enthält, ganz und gar verkehrt ist. Trotzdem läßt sich nicht leugnen, daß Lamprecht's Auftreten ein gewisses Interesse gewährt, ein zeitgeschichtliches Interesse.

Jedes Zeitalter steht unter dem Einfluß bestimmter Ideen. Sie reißen häufig auch diejenigen mit sich fort, die im Grunde für etwas ganz anderes veranlagt sind. Wir wissen z. B. aus dem Reformations-

---

[1]) Zur Kritik des Materialismus vgl. aus neuester Zeit Preuß. Jahrb. 81, 201 ff. (F. Aly); 82, 385 ff.; 87, 199 ff. (Cartellieri) und S. 319 ff.; 89, 543 ff.; Zeitschr. f. Sozial- u. Wirthschaftsgesch. 6, 88 ff. (A. v. Halban); H. Z. 79, 45 ff. (Wittich); Stammler, a. a. O.; Barth, a. a O.

[2]) Wir könnten noch etwa erwähnen, daß Lamprecht auch den „methodologischen" Grundsatz vertritt, zwischen der Geschichtsforschung von heute und der Sagenbildung von früher bestehe keinerlei grundsätzlicher, nur ein graduellcr Unterschied. Subjektiv sagt er damit durchaus die Wahrheit (wenn er nämlich an seine Studien für die „Deutsche Geschichte" und die Darstellung der Historiographie denkt); Streit könnte nur über das Maß des „graduellen" Unterschiedes entstehen. — Auf die auch von Lamprecht erhobene Forderung der stärkeren Berücksichtigung der Kulturgeschichte in der historischen Darstellung habe ich hier keinen Anlaß weiter einzugehen, da er sie ganz und gar auf sein System stützt, das wir als hinfällig erwiesen haben. Es wäre bloß noch etwa erforderlich, in historiographischer Beziehung die Lamprecht'schen Fabeln über den Ursprung der Kulturgeschichtschreibung und der sog. politischen Geschichtschreibung zurückzuweisen. Er hat die lächerliche Vorstellung, als ob die Kulturgeschichtschreibung in einem besonderen Gegensatz zum Rationalismus stände. Doch darüber einiges an anderem Orte. Hier soll lediglich konstatirt werden, daß die Forderung einer ausgiebigeren Berücksichtigung der Kulturgeschichte mit dem unglücklichen System Lamprecht's keineswegs steht und fällt. Die Verknüpfung beider könnte nur die erstere diskreditiren. Ich erinnere daran, daß Gothein, der Hauptvertreter jener Forderung in der Gegenwart, zu den entschiedensten Gegnern des Lamprecht'schen Systems gehört.

zeitalter, daß, dem Zuge der Zeit entsprechend, Männer sich berufen fühlten, als kirchliche Reformatoren aufzutreten, bei denen ein lebendiges Verhältnis zur Religion nicht zu beobachten ist. Im Zeitalter unserer klassischen Dichtkunst vermied es kaum jemand, sich in Versen zu versuchen. Heute, in den Tagen der sozialen Reformbestrebungen, meint fast jeder, zur Lösung der sozialen Frage beitragen zu müssen. Ein Maler hat bereits „die soziale Idee" gemalt und Felix Dahn nicht umhin gekonnt, einen „sozialen Roman" zu schreiben. Als, um von unsern bescheidenen Verhältnissen zu sprechen, in der Erforschung des Mittelalters sich die Nothwendigkeit ergab, in umfassender Weise Quellenuntersuchungen anzustellen, zahlte auch der Unberufene dem Bedürfnis des Tages seinen Tribut durch eine Untersuchung dieser Art. Nomina sunt odiosa.

Lamprecht lebt der kindlichen Meinung, er habe zuerst den Entwicklungsgedanken in der Historie zur Geltung gebracht. Nein, das ganze 19. Jahrhundert ist erfüllt von ihm; lange vor und neben Lamprecht haben die Gelehrten ihn eifrig und übereifrig gepflegt. Es ist schon sehr oft, von den verschiedensten Seiten her, lebhafte Klage geführt worden über den Mißbrauch, der mit dem Entwicklungsbegriff getrieben wird[1]). Es hat sich eine gefährliche Sucht ausgebildet, überall in willkürlichster Weise Entwicklungen zu konstruiren. Man hat in dem Nebeneinander oft ganz kritiklos ein Nacheinander gesehen. Einen der sprechendsten Beweise aber, wie stark die Modekrankheit des 19. Jahrhunderts um sich greift, haben wir darin, daß sogar Lamprecht, dem jede Beanlagung zur Zeichnung großer Entwicklungen fehlt, nicht nur überall in seinen Schriften mit Feuereifer „entwickelt", sondern sich sogar für den Begründer und Interpreten der Entwicklungsidee in der Historie hält. Das ihm an-

---

[1]) Vgl. z. B. Ratzel, Völkerkunde (zweite Aufl.) 1, 14 über „die von der Idee der Entwicklung getränkten Forscher": „Sie suchen überall ‚Urzustände' und ‚Entwicklung'. Hat man nicht das Recht, mit einigem Argwohn auf wissenschaftlichem Gebiete solchem Suchen zu begegnen, das im voraus schon so gut weiß, was es finden will?" S. ferner Eulenburg, Jahrb. f. Nat. 68, 524 Anm. 78; G. G. A. 1892, S. 408 Anm. 1; Zeitschr. f. Sozial- u. Wirthschaftsgesch. 5, 240 f. — Da Lamprecht sich über die bisherige Geschichtschreibung, die nur mit Linné zu vergleichen sei, weil sie von „Entwicklung" nichts wisse, so verächtlich äußert, so sei daran erinnert, daß nach F. Schlegel's Meinung der Fleiß, die Treue und die Ordnung eines Linné für den Historiker erforderlich sind (Fester, Rousseau S. 191).

geborene Interesse ist das antiquarische; er hat den Sinn für den Kleinkram, die historischen Kleinigkeiten; er geht — soweit es ihm seine Flüchtigkeit gestattet — in den kleinen Einzelheiten auf. Initialen, Ornamente, Münzen, Rechnungsbücher einer ländlichen Grundherrschaft, Einzelheiten der territorialen Verwaltungspraxis — das ist sein Element. Sein werthvollstes Buch ist sein „Deutsches Wirthschaftsleben" (1886). In der Disposition ist es, milde ausgedrückt, grotesk. Die Entwicklungen, die Lamprecht hier zeichnet, sind völlig verunglückt[1]). Aber äußerst werthvoll ist das Detail. Mit bewundernswerthem Sammlerfleiß, mit außerordentlichem Arbeitsaufwand[2]) hat er eine Fülle von lehrreichen Einzelheiten zusammengetragen. Mit einem Worte: es ist ein grundgelehrtes antiquarisches, aber nur antiquarisches Buch. Die Idee, auf der es beruht (Entstehung der Landesherrschaft aus der Grundherrschaft) — wirklich durchgeführt ist bezeichnenderweise auch diese Idee in dem Sammelwerke nicht einmal —, ist überaus charakteristisch für die Auffassung eines Antiquars. Selbstverständlich liegt es mir völlig fern, den Werth antiquarischer Forschung gering zu schätzen. Der Historiker umfaßt den gesammten historischen Stoff mit Liebe. Ich bekenne auch bereitwilligst, aus jenem Werke Lamprecht's sehr viel Einzelheiten gelernt zu haben. Allein der Historiker darf nicht im Kleinkram aufgehen. Er muß die Fähigkeit besitzen, das Wesentliche herauszufinden, die leitenden Ideen zu entdecken. Gerade sie aber fehlt Lamprecht. So viel Bände, Aufsätze und Vorträge wir ihm verdanken, nie ist es ihm gelungen, eine große Entwicklung in markigen Strichen unter Hervorhebung des Wesentlichen zu zeichnen[3]). Er „entwickelt" sehr viel, aber meistens am

---

[1]) Vgl. H. Z. 63, 294 ff.
[2]) Flüchtigkeiten finden sich freilich auch hier vielfach. Vgl. z. B. a. a. O.; Schaube, Zeitschr. f. Sozial- u. Wirthschaftsgesch. 5, 260 ff.
[3]) Auch von den älteren, zum Theil besseren Arbeiten Lamprecht's gilt dies. — Unter den Arbeiten seiner Schüler nehmen auch die antiquarischen Untersuchungen einen Hauptplatz ein. Über zwei kürzlich erschienene (die im übrigen verdienstlich sind, wie ja antiquarische Arbeiten überhaupt an sich sehr verdienstlich sein können) bemerkt Treusch v. Buttlar (D. Lit.-Ztg. 1898, Sp. 514 ff.) sehr richtig, daß die Verfasser den Zusammenhang nicht erforscht, das Typische nicht herausgefunden haben, zu sehr nur das Einzelne in seiner Isolirung sehen. Auch Lippert (Monatsblätter Bd. 2, Heft 9/10) hebt ihren „antiquarischen" Charakter hervor. Vgl. ferner Zeitschr. f. Soz.- u. Wirthschaftsgesch. 1, 358 ff. Lamprecht sollte einmal durch einen seiner Schüler die

unrechten Ort. Daraus — und aus seiner, wie es scheint, mit den Jahren sich steigernden Flüchtigkeit — erklärt sich die Eigenthümlichkeit seiner „Deutschen Geschichte": neben ungeordneter Stoffmittheilung Zerrbilder und fahle Abstraktionen. Das ist das Schicksal des Antiquars, der in der Selbsttäuschung lebt, mit dem Sinn für große Aufgaben geboren zu sein, das Talent für die Auffassung großer Verhältnisse in ganz eminentem Maße zu besitzen[1]).

In der angedeuteten Richtung ist Lamprecht's Auftreten noch weiter lehrreich. Zu den Modekrankheiten unserer Zeit gehört auch die Sucht, auf allen Gebieten eine neue „Methode" zu eröffnen. In köstlicher Weise spottet darüber Justi in seinem Velazquez (I, 234)[2]), wo er über ein im alten Spanien veranstaltetes Malerturnier, das den Streit zweier Richtungen entscheiden sollte, berichtet. Er bemerkt von den Streitigkeiten über Methode und Manier in der Neuzeit, es scheine zuweilen, „als ob von dem Erfolg einer neuen Manier nicht nur die Gesundheit der Kunst, sondern die Moral und die Zukunft von Nation und Menschheit abhänge". So habe man es im alten Spanien nicht gehalten. „Nichts vom Qualm hochtönender Phrasen ...; nichts von der Malerei der ‚Neuzeit', der messianischen Zeit, die in jedem Menschenalter angekündigt wird und, noch ehe ihre Propheten graue Haare bekommen, schon ein kleiner grauer Ring in dem Dämmerungskreis der alten Zeit geworden ist, wo nicht in Nacht des Vergessens versunken. Nur die Herstellung eines Meisterwerks." Gerade Lamprecht hatte wenig Veranlassung, sein so rein dogmatisches System als „Methode" auszugeben. Indessen in der Gegenwart wird eben mit Vorliebe dieses Aushängeschild benutzt. Noch viel bezeichnender ist es, daß Lamprecht, der so viel Grund

---

Entstehung der Landeshoheit in einem deutschen Territorium darstellen lassen. Da würde er selbst zu der Erkenntnis gelangen, daß seine antiquarische Auffassung den Dingen nicht gerecht werden kann. — Soeben ist sein Vortrag vom Nürnberger Historikertag: „Die Entwicklung der deutschen Geschichtswissenschaft" erschienen (Allg. Zeitung, Beilage Nr. 83). Er liefert einen neuen Beleg für das im Text gesagte, zeugt übrigens insofern von Lamprecht's Produktivität, als er zu den alten noch neue Konfusionen fügt. Die Veröffentlichung eines solchen Vortrags (zumal mit der eigenthümlichen Mahnung am Schluß) kommt einer Herausforderung gleich.

[1]) Vgl. Zwei Streitschriften S. 76 f.
[2]) Ähnlich wie Justi urtheilt Knapp, H. Z. 78, 42 (wohl mit Bezug auf Lamprecht).

hat, an seiner „Deutschen Geschichte" zu arbeiten und zu feilen, den Mangel einer guten Darstellung durch „methodologische" Erörterungen ersetzt, die Kritik seiner historischen Schilderung durch ein „methodologisches" System beantwortet. Wir sind so wenig modern, daß wir ihm das alte Wort Gottfried Hermann's entgegensetzen: „wer nichts von der Sache versteht, schreibt über die Methode." „Nur die Herstellung eines Meisterwerks!" Gegenüber all' dem Gerede über „Methode", fühlt man sich veranlaßt, an Lord Acton's Wort zu erinnern, daß die historische Methode nichts weiter ist, als „die Verdoppelung des gesunden Menschenverstandes".

Wir könnten noch weitere Beweise für die Kraft des Zuges der Zeit anführen. Eine Lieblingswissenschaft der Gegenwart ist die Psychologie. Lamprecht renommirt beständig mit dem Worte „psychologisch". Daß er überall die Ausdrücke „sozial", „sozialpsychisch", „evolutionistisch", „großer Zusammenhang", „Milieu", „Natural= und Geldwirthschaft" hinstreut, bedarf keiner besonderen Hervorhebung. Es ist ein Spiel mit Worten, und ein solches ist nicht bloß geschmacklos, sondern auch irreführend. Auf seine schädlichen Wirkungen, die nicht bloß bei Lamprecht, aber vielfach mit durch seine Schuld hervorgetreten sind, ist schon verschiedentlich hingewiesen worden[1]). Das verhängnis=

---

[1]) Ein köstliches Beispiel führt Uhlirz, D. Lit.=Ztg. 1897, Sp. 1979 an. Vgl. ferner Uhlirz, Mitth. des Instituts 1898, S. 178. 199; Brandi, H. Z. 77, 295 ff.; Oncken, Lamprecht's Vertheidigung S. 43. Histor. Jahrbuch der Görres=Gesellsch. 1897, S. 994. Die Sucht Lamprechts, um jeden Preis Entwicklungen zu konstruiren (wobei die Bedeutung der persönlichen Unterschiede übersehen wird), beleuchtet Lenz namentlich in der Kritik der Darstellung des Humanismus. Mit Lenz stimmt Kaufmann, Gesch. d. deutschen Universitäten 2, 523 ff. überein. Es gibt heute Bücher (z. B. Doren, Zur Gesch. d. Kaufmannsgilden), deren geistiges Eigenthum fast nur in dem lebhaften Spiel mit Modeausdrücken („sozial" u. s. w.) besteht. Man stelle sich vor, daß demnächst diese Manier in die Schulbücher ihren Einzug hält! Wir haben damit zu rechnen, da Lamprecht's deutsche Geschichte aus den Kreisen der Schulverwaltung mehrere lobende Certifikate erhalten hat. — Natürlich ist Lamprecht auch darin modisch, daß er sich als Führer der „Jungen" ansieht. Wer will nicht heute, auf allen Gebieten, die „jüngere" Richtung vertreten! Thatsächlich freilich sind diejenigen, die Lamprecht's System kritisirt haben, durchweg jünger als er; auch seine „Deutsche Geschichte" hat hauptsächlich in jüngeren Kreisen Widerspruch gefunden. Die einzige historische Darstellung nach dem Herzen Lamprecht's, die bisher erschienen ist, rührt

vollste des frevelhaften Spiels liegt darin, daß diejenigen, die das Wort „Milieu" häufig anwenden, damit das Milieu gezeichnet zu haben glauben.

Doch man wird mir einwenden, daß ich mit diesen Bemerkungen über die Abhängigkeit des Einzelnen von den Zeitströmungen ja gegen meine These von der selbständigen Stellung der Persönlichkeit streite. Keineswegs! Das ganze System Lamprecht's hat einen überaus persönlichen Charakter. Er vertritt die naturwissenschaftliche Auffassung, die voraussichtlich auch nach ihm noch oft vertheidigt werden wird. Aber warum vertritt er sie so unendlich unglücklich? Beruht es etwa auf Notwendigkeit? Und wie ist er zu seinem System gelangt? Den persönlichen Ursprung desselben haben wir schon angedeutet; es ließe sich auch noch weiteres darüber sagen[1]). Lamprecht, der gegen die „individualistische" Geschichtsauffassung zu Felde zieht, liefert an sich selbst den besten Beweis für die (in diesem Falle nicht Bedeutung, aber) Wichtigkeit der Persönlichkeit!

Wenn die naturwissenschaftliche Auffassung wieder einmal der Geschichtswissenschaft gegenübertritt, getragen von einer Persönlichkeit, die unmittelbarere Beziehungen als Lamprecht zur Wissenschaft hat, so werden wir ihre Einwendungen gern hören; wir werden vielleicht auch manche Anregungen von ihr empfangen. Überhaupt wollen wir alle historischen Darstellungen mit weitem Herzen aufnehmen, unser

---

von einem älteren Autor her: Brückner's Russische Geschichte, die nach sach= tundigem Urtheil (Caro, H. Z. 79, 621 ff.) einen entschiedenen Mißerfolg der Lamprecht'schen Richtung bedeutet.

[1]) Vgl. oben S. 203 ff. Seine Theorie von der Stellung der Persönlichkeit in dem historischen Verlauf ruht auf dem Gegensatz gegen eine ungedruckte Rede M. Lehmann's (s. oben S. 221 Anm. 2). Seine Deklamationen gegen die „juristische" Auffassung (s. oben S. 196) erklären sich lediglich daraus, daß ich der erste bin, der ihn kritisirt hat, und andrerseits alle, auch meine Gegner, meine juristische Schulung einen Vorzug von mir nennen. Wo Lamprecht gegen die Einseitigkeit der „juristischen" Auffassung deklamirt, meint er stets mich. Seine oben (S. 193) erwähnte Recension über Inama's Wirthschafts= geschichte ist nur verständlich, wenn man meine Kritik in den G. G. A. 1891 S. 755 ff. dagegen hält: im Gegensatz zu dieser ist jene geschrieben. Ein Referent hat auch diese persönlichen Beziehungen festzustellen, da spätere Ge= schlechter sie nicht leicht werden erkennen können. — Barge, S. 26, erzählt, Lamprecht's Wirthschaftsleben habe das „Erstaunen vieler Rechtshistoriker er= regt". Vielleicht nennt er sie.

Urtheil nicht lediglich von unserer Stellung zu den allgemeinen Voraussetzungen, von denen der Verfasser eines historischen Werkes ausgegangen ist, abhängig machen. Mag ein Geschichtswerk im Sinne Dietrich Schäfer's oder Gothein's, mag es im Sinne von Marx und Engels oder von R. Wagner verfaßt sein, es soll uns willkommen sein, falls es nur drei Eigenschaften[1]) besitzt, — Eigenschaften, deren Unentbehrlichkeit uns Ranke durch Vorbild und Lehre gezeigt hat: Kritik, Präzision und Penetration. Daß sich der Ranke-Kritiker von dieser Grundlage der Ranke'schen Geschichtschreibung so sehr weit entfernt hat, das ist es, was wir ihm am wenigsten verzeihen können.

[1]) Mein Gewissen nöthigt mich, hier die pedantische Anmerkung hinzuzufügen, daß auch diese Eigenschaften nicht ganz unabhängig von bestimmten allgemeinen Voraussetzungen erwerbbar sind.